KB274269

내일을여는지식 법 15

Lloyd's Acts

김봉철

한국학술정보(주)

머리말

런던의 작은 커피점으로 시작한 로이드(Lloyd's)는 해상보험 및 재보험을 비롯한 다양한 보험이 인수되는 세계적인 보험시장으로 발전하며 300년이 넘는 역사와 전통을 바탕으로 지금까지 전 세계에 많은 영향을 주고 있다. 로이드와 관련된 수많은 사례들은 이미 오래전부터 세계 각국의 재판에서 법적 근거로 이용되어왔으며, 로이드가 마련한 다양한 정보와 통계자료, 업무처리절차 및 서류양식 등은 국제거래에서 보편적으로 이용되는 경우가 많다.

영국법은 오래전부터 로이드의 자율권을 인정하면서도 이를 법인화하여 특별하게 규율하는 독특한 규제방식을 취하고 있다. 이와 관련된 법적 관점에서의 분석은 로이드를 이해하기 위한 전제조건이 된다. 따라서 로이드가 규율되는 체계와 내용을 법적 관점에서 논의하는 것은 매우 흥미롭고 중요한 것이다. 특히 최근 국내에서 시행된 이른바 '자본시장법'을 비롯한 새로운 법규들의 영향으로 금융과 보험업계의 규율이 재편되고 있는 상황을 고려할 때, 로이드를 규율하는 영국 로이드법과 자본시장법의 내용은 우리 제도와 비교하여 새로운 각도에서 여러 가지 시사점을 제공할 것이다.

이러한 의미에도 불구하고, 현재 국내에는 법적 관점에서 로이드에 관한 이해를 체계적으로 돕는 책이 흔하지 않은 상황이다.

그동안 로이드에 관련된 몇몇 단편적인 내용들이 다른 주제와 연결되어 소개되고 분석된 바 있는데, 이것이 로이드의 법적 규제에 관한 전반적인 이해를 돕는 자료가 되기에는 부족하였고, 심지어 오해를 불러일으키기도 하였다. 따라서 로이드의 법적 규율에 관하여 전반적인 내용을 제공하는 책의 출간이야말로 시기적으로 적절하고 필요하다고 생각한다.

이 책의 독자층은 다양할 것이다. 이 책이 로이드 관련 영국법의 번역과 이론에 근거하기는 하였으나 보험 또는 해운 실무에 종사하시는 분들이 로이드의 본질과 이에 대한 규제체계를 보다 정확하게 이해하기 위하여, 혹은 기타의 분야에서도 보험이나 해운 관련 정보를 이용하기 위한 전제조건으로 이 책의 내용을 필요로 할 것이다. 물론 해당 분야를 가르치고 배우는 입장에서도 이 책을 이용할 수 있다.

글쓴이는 수년 전부터 작성해온 로이드에 관련된 주제의 논문들과 번역문들을 정리하면서 이 책을 준비하였다. 이를 위해 각종 통계자료와 도표 및 그림 등을 추가하여 로이드를 이해하기 쉽게 설명하려고 노력하였고, 여러 가지 법적 논점을 분석하여 추가하였다. 또한 영국에서 로이드를 규율하기 위해 특별하게 마련된 여러 가지 법규들의 내용을 설명하고, 그 법규들의 번역문을 동시에 제공하여 이해를 돕고자 하였다.

이 책이 출간되기까지 많은 분들의 도움이 있었다. 글쓴이는 법학 자체에서 '꼼꼼함'이란 중요하고도 기본적인 가르침을 주시는 이균성 명예교수님으로부터 끊임없이 많은 배움을 얻는다. '살아숨쉬는 상법'이어야 한다는 말씀을 글쓴이의 마음에 새겨주신 최완진 교수님께도 감사드린다. 많은 불편함을 극복하시면서 언제나 자상함과 따뜻함을 전하시는 김동훈 교수님께서는 제자에게 포근한 학문적 고향이 되어주신다. 이 책을 기획하신 한국학술정보(주)에 계시는 많은 분들의 노력이 없었다면 출간이 불가능하였을 것이다. 마지막으로 매일 아들을 걱정하시는 부모님과 변함없이 동생을 지원해주는 형 그리고 오랜 벗이자 평생의 동반자인 선인에게 감사한다.

2009년 여름의 한가운데에서
글쓴이

일러두기

본 내용의 제1장의 내용은, 한국외국어대학교 법학연구소에서 발간한 글쓴이의 논문, "영국 로이드 보험시장에 관한 법적 고찰", 외법논집 20집, 2005와 김동훈, "로이드(Lloyd's) 규제와 관련된 영국 금융서비스 시장법 규정의 분석", 외법논집 27집, 2007의 일부를 재편집, 수정 및 보완한 것이며, 제2장의 내용은 글쓴이의 번역문 "영국 로이드법 I", 외법논집 32집, 2008과 "영국 로이드법 II", 외법논집 33집, 2009 그리고 김동훈, "로이드(Lloyd's) 규제와 관련된 영국 금융서비스 시장법 규정의 분석", 외법논집 27집, 2007의 일부를 재편집, 수정 및 보완한 것이다.

제 1 장

로이드 보험시장과 그 법적 규제

I. 로이드 보험시장

1. 성 립

17세기 말부터 영국에서는 해상운송업이 크게 발전하였다. 이에 따라서 항해로부터 발생할 수 있는 선박과 화물의 위험을 인수하여 해상사고가 발생할 경우에 개인 재산을 바탕으로 자신이 인수한 위험부분에 대하여 배상하는 투자자인수방식의 보험투자자가 많아졌다.

당시 런던에는 여러 곳에 커피점이 생겼는데, 이러한 커피점은 단순히 커피를 마시는 장소가 아니었다. 사람들은 여기에 모여 새로운 정보를 교환하고 토론을 즐기며, 심지어는 커피점을 상거래가 이루어지는 장소로 이용하기도 하였다. 1688년 에드워드 로이드(Edward Lloyd)는 런던의 템스강 선착장 가까운 타워 가(Tower Street)에 커피점을 열었고, 이것이 이후 세계 최대의 보험시장으로 발전한 로이드의 출발이 되었다. 이 커피점에서는 해상운송업에 관한 여러 가지 정보가 교환되었는데, 로이드 역시 손님에게 보다 정확하고 빠른 소식을 제공하고자 노력하였다. 당시 런던에는 민간신문이 없었고 London Gazette라는 관보만이 존재하였는데,[1] 로이드의 이러한 정보는 많은 사람들에게 유용한 것이었다. 로이드는 러너(runner)라고 불리는 심부름꾼을 고용하여 선박의 입·출항사실을 템스강의 선착장에서부터 가게까지 달려와 전하게 했다. 또한 해상사고 등 중대한 소식이 있을 때에는 가게 모퉁이에 설치된 연

단에서 키드니(kidney)라고 불리는 종업원이 이를 큰 목소리로 공
표하도록 하였다.[2]

로이드 커피점은 1691년 런던의 금융 중심지인 시티(City) 지역
의 중심부인 롬바드 가(Lombard Street)로 이전하였고, 1785년까지
이곳에서 계속 영업하였다. 로이드는 손님에게 뉴스를 발표하는 동
시에 종이에 그 뉴스를 적어 벽에 붙여 놓았는데, 이것이 로이드
뉴스(Lloyd's News)라는 신문으로 발전하였다. 이 신문은 1696년
창간되었는데, 1697년 제78호를 끝으로 이를 폐간한 후 다시 예전
처럼 종이에 뉴스를 적어 벽에 붙이다가 1734년 로이드 리스트
(Lloyd's List)로 복간되어 오늘날까지 계속되고 있다.

에드워드 로이드가 1713년 사망한 이후에도 상속 또는 결혼에
의한 후계자들에 의해서 로이드 커피점은 계속되었다. 그러나 이후
로이드 커피점은 단기간의 이익만을 노리는 자들의 도박보험을 위
한 무대가 되고 말았다. 이에 불만을 가진 성실한 보험업자와 보
험중개인들은 1769년 로이드 커피점에서 일하던 토마스 필딩
(Thomas Fielding)이라는 사람을 통하여 새로운 로이드 커피점(New
Lloyd's Coffee House)을 열었는데, 그곳에서는 순수한 해상보험만
인수하는 보험업자들만 이용하도록 하였다. 원래의 로이드 커피점
과 새로운 로이드 커피점은 만들어진 계기와 목적이 전혀 달랐기
때문에 그곳에 드나드는 손님들도 서로 다르게 된 것이다. 이후부
터 원래의 로이드 커피점과 새로운 커피점이 경쟁하였는데, 1785
년 원래의 로이드 커피점이 경쟁에 밀려 문을 닫았다.

새로운 로이드 커피점 건물은 개점 이후 번창하였으나, 건물 자
체가 오래되었을 뿐 아니라 비좁아서 새로운 장소로 이전할 필요

가 있었다. 1771년에는 새로운 로이드 커피점을 만드는 데 주도적 역할을 한 79명의 보험업자들과 보험중개인들이 모여서 새로운 건물을 인수하기 위한 조합을 만들었다. 이 목적을 위하여 당시 100파운드라는 큰 금액을 마련하였는데, 이것이 바로 '로이드 협회'(Lloyd's Society)3)의 출발이다. 그리고 이 협회를 스스로 규제하고 관리하기 위하여 협회 회원들이 선임한 아홉 명의 사람들로 구성되는 '로이드 위원회'(Lloyd's Committee)가 생겼다.

이렇게 상황이 바뀌면서, 로이드는 애초의 목적에서 크게 변화하였다. 원래의 로이드 커피점은 주인이 따로 있고, 개인보험업자들은 단골 고객으로서 그 장소를 자신의 사업에 이용했을 뿐이었다. 반면에 새로운 로이드 커피점은 해상보험인수를 전문으로 하는 개인보험업자들의 모임이 그곳의 주인이며, 커피점의 주인은 개인보험업자들에게 고용된 일종의 지배인이었다. 또한 새로운 로이드는, 그 설립목적도 처음부터 커피를 파는 곳을 만들기 위해서라기보다는 보험인수의 장소를 마련하기 위한 것이었다. 즉 원래의 로이드 커피점에서는 그 안에서 보험을 인수하는 보험업자를 제한하지 않았기 때문에 누구나 보험을 인수할 수 있었지만, 새로운 로이드 커피점은 그 안에서 보험을 인수할 수 있는 사람을 해상보험인수를 전문으로 하는 개인보험업자들만으로 한정하였다. 이후 새로운 로이드 커피점은 아예 그 대상자를 로이드 협회 회원만으로 한정하였다.

2. 발 전

(1) 왕립거래소로의 이전

새로운 로이드 커피점은 처음부터 보험인수를 위한 목적으로 만들어졌으나, 그 장소가 협소하고 여러 가지 불편이 많았다. 1774년에 당시 로이드 위원회의 의장이던 존 앵거스타인(John Angerstein)은 그동안 로이드 협회에서 모은 기금을 바탕으로 로이드 커피점을 런던의 콘힐(Cornhill)에 있는 영국 왕립거래소(the Royal Exchange)안으로 이사하였다. 왕립거래소에 위치하게 되면서부터 로이드는 더 이상 커피를 팔지 않았다.

1779년 로이드 협회의 회원총회는 그동안 사용해왔던 손으로 직접 쓰는 '수기증권' 방식에서 벗어나 통일적으로 인쇄된 해상보험증권 양식을 사용할 것을 결의하였다. 이 보험증권 양식은 이후 로이드 S. G. 보험증권(Lloyd's S. G. Policy)으로서 영국의회의 승인을 받아 영국에서 사용되는 정식 보험증권양식이 되었다. 또한 이 양식은 1906년 제정된 영국 해상보험법(Marine Insurance Act 1906)의 부칙에 표준양식으로 채택되어 전 세계적으로도 널리 사용되었다.[4]

(2) 로이드의 법인화 작업과 새로운 보험의 인수

왕립거래소로 이전한 이후 로이드는 미국의 독립전쟁과 프랑스혁명, 그리고 연이어 계속된 나폴레옹 전쟁 등으로 파산위기에 놓이기도 하였으나, 전쟁 이후의 보험요율의 상승으로 이러한 위기를 면하면서 호황을 누리게 되었다. 또한 해상보험시장의 매력이 널리 알려져 이에 참가하려는 자들도 늘어났다.

당시 영국에서는 회사설립을 극단적으로 통제하는 '거품회사금지법'(the Bubble Act 1720)의 폐지를 주장하는 목소리가 높아졌다. 이 법은 17세기 영국의 식민지 개척으로 유한책임제도를 악용하는 부실회사들의 등장을 막기 위해 각종 회사의 설립을 제한하는 것이 취지였다.5) 이것은 결국 특정분야에서 독점화를 낳았는데, 1824년에는 보험회사의 독점권을 인정한 이 법률의 폐지로 인하여 보험시장에 대한 독점이 사라지게 되었다.

로이드는 보험시장의 독점폐지로 늘어난 여러 보험회사와의 경쟁에 대응하기 위해서 회원 상호 간의 결속 및 규제를 강화하였다. 또한 로이드 위원회에 법적 권한을 부여하기 위한 의회제정 입법도 추진되었다. 이 결과로 1871년에 영국의회에서 로이드 법(Lloyd's Act 1871)이 제정되었으며, 로이드는 법인격을 부여받아 Corporation of Lloyd's라는 명칭을 가진 법인이 되었다.

로이드 법은 로이드 위원회에 회원의 규제와 자금의 운용 등에 관한 권한을 부여했고, 이에 따라 개별적인 로이드의 보험업자들은 집단으로서 로이드의 명예를 지킬 의무를 부담하게 되었다. 즉 이때부터 "우리들은 개인으로서는 보험인수인이지만, 전체로서는 로이드다(Individually, we are underwriter; collectively, we are Lloyd's)"라는 로이드의 전통이 세워진 것이다.

보험시장에 대한 독점의 폐지를 명하는 법률이 제정된 이후, 해상보험에만 의존해서는 다른 보험회사들과의 경쟁에서 이길 수 없다고 판단한 로이드의 일부 보험인수인들이 화재보험을 부분적으로 인수하기 시작하였다. 그러나 당시 로이드의 보험인수인이었던 커스버트 히스(Cuthbert Eden Heath)는 본격적으로 비해상보험(non-marine insurance)의 영역을 개척하였다. 그는 1885년에 런던의 핸드 인 핸드(Hand in Hand) 화재보험회사로부터 화재보험의 재보험을 인수하였는데, 이후에는 화재로 인한 물적 손해는 물론이고 사업상의 손실까지도 보상하는 이익보험(loss of profits insurance)을 고안하여 인수하였다. 또한 최초로 도난보험을 인수하였고, 다시 보석류에 대하여 분실위험을 포함하는 전담보(all-risk) 도난보험을 인수하였으며, 보석상들을 대상으로 일괄담보보험(block policy)을 인수하기도 하였다.

이후에도 로이드 보험업자들은 히스를 중심으로 비해상보험 분야에서 새로운 보험을 적극적으로 고안하여 인수하였다. 미국의 시카고와 볼티모어에 있는 공장의 화재보험, 남유럽의 우박피해보험, 노동자 재해보상보험, 자동차 종합보험(1904년), 초과손해재보험(excess of loss reinsurance, 1906년), 항공보험(1911년), 악천후보험(1911년) 등을 만들어 인수하였다. 이러한 비해상보험의 인수는 로이드에게 커다란 이익을 주었고, 로이드가 재도약할 수 있는 발판이 되었다.[6] 현재 비해상보험 분야는 재보험 분야를 포함하여 로이드 전체 보험료의 약 90%에 이른다.

(3) 미국시장의 진출과 시장규모의 확대

로이드는 비해상보험을 인수하기 시작한 것과 더불어 미국이라는 새로운 시장에 진출함으로써 오늘날의 번영을 얻게 되었다. 로이드는 이미 19세기가 시작되면서 미국에 로이드 대리점(Lloyd's Agent)을 두었지만, 본격적으로 보험을 인수하기 시작한 것은 비해상보험을 인수하기 시작한 1890년 이후였다.

1906년 샌프란시스코 대지진은 로이드가 미국 내에서 신용을 얻는 결정적인 역할을 하였다. 당시 미국과 유럽의 보험회사들이 이 지진으로 인한 사고에 대해 보험금 지급을 지체하거나 거부하고 있었는데,[7] 로이드는 보험증권에 기재된 면책약관에도 불구하고 대지진 후 일주일 이내에 보험금을 지급하였던 것이다. 이 사건을 계기로 미국에서 로이드의 신용과 시장점유율이 크게 높아졌다.

1939년 '미국신탁기금'(America Trust Fund)의 설치 역시 미국시장에서 로이드가 성공하게 된 또 다른 계기였다. 제2차 세계대전으로 미국의 많은 보험중개인과 보험계약자들은 로이드의 보험금 지급을 걱정하였고, 영국 정부가 대외지급을 제한할지도 모른다는 의견도 많았다. 이러한 우려를 불식시키기 위하여 로이드는 미국에서 인수한 보험료를 모두 미국 내에 예치하였고, 모든 보험금의 지급이 완료된 이후에 남는 이익만 영국으로 인출할 수 있도록 결정하였다.[8] 이 기금의 설치에 따라 미국의 피보험자는 유럽에서 어떠한 일이 일어나든지 상관없이 안정적으로 보험금을 지급받을 수 있게 되었다.

오늘날에는 미국에서 수입된 보험료뿐 아니라, 세계 각국에서 수입한 보험료 중 미국 달러화를 기준통화로 하는 것은 모두 이 미국신탁기금에 예치하도록 하고 있다. 이 기금은 주로 미국정부기관이 발행한 국공채에 투자하고 있으며, 시티은행 등이 수탁자가 되어 관리한다.

3. 현 재

(1) 위 치

1774년 이후부터 영국 왕립거래소에 위치하던 로이드는, 1928년 런던의 레덴홀 가(Leadenhall Street)에 건립한 최초의 자기소유 건물로 이전하였다. 그런데 시장의 규모가 확대됨에 따라서 1958년 런던의 라임 가(Lime Street)에 건물을 신축하였고, 이곳으로 보험시장이 이전하게 되었다. 이후 라임 가의 건물도 다시 좁아지자, 1978년에 레덴홀 가의 기존 건물을 증축하는 공사를 하였으며, 다시 1986년에는 라임 가에 현대식 건물을 완공하여 현재 로이드 시장의 영업소로 이용하고 있다.

(2) 사업규모

로이드는 보험회사가 아니라 보험시장이기 때문에 일반적인 보험회사처럼 실적이라는 것이 없고, 다만 시장을 구성하는 보험업자들이 보험회사법에 따라 개별적으로 실적을 발표할 뿐이다. 즉 1909년 영국의 보험회사법에 의해서는 보험회사가 경영실적을 공개할 의무가 없었으나, 1946년 개정된 보험회사법에서는 이를 의무화하여 모든 보험회사가 경영실적을 공개하고 있다. 다만 로이드도 시장 전체로서의 전 세계적인 사업성적(Global Results)과 연례보고서(Annual Report)는 발표하고 있다.

2004년에 발표된 자료에 따르면 로이드의 보험료 수입은 2002년 106억 6,900만 파운드, 2003년 117억 1,100만 파운드에 달한다. 또한 2002년 8억 3,400만 파운드의 순익에서 2003년에는 18억 9,200만 파운드의 순익을 기록하였고, 이것이 2008년에는 약 19억 파운드로 증가하였다.[9] 로이드는 2008년까지 세계 200여 개 국가에서 사업을 하고 있고, 25개국 이상에 자체 소유 사무실과 직원을 두고 있다. 수입보험료에 따른 지역별 순위를 보면 2008년 말 현재 전체 보험료 수입 중 44%를 미국과 캐나다에서 얻고 있으며, 영국(22%), 유럽(16%), 아시아(8%), 중남미(6%), 아프리카 및 중동(4%) 순이다.[10]

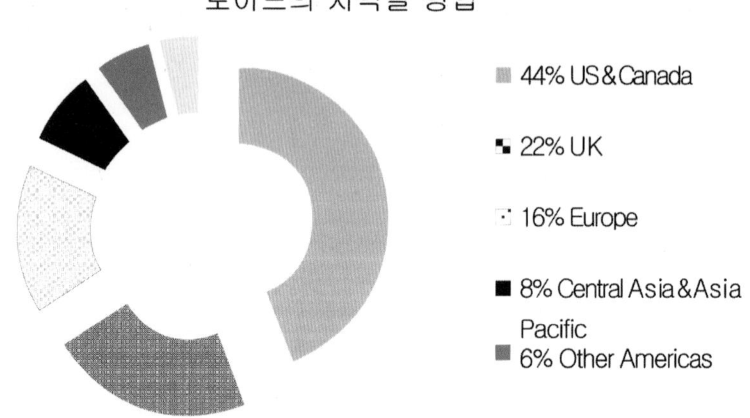

로이드의 지역별 영업

2008년 현재 로이드 시장에는 176명의 중개인(broker), 75개의 보험인수단(syndicate)을 운영하는 관리대리인이 되는 51개의 회사들(managing agents 또는 franchisees)이 활동하고 있다. 로이드 시장의 고객은 미국 Dow Jones의 회사들의 약 93%, FTSE 100 회사들의 90% 그리고 유럽 50대 기업의 82%이며, 미국 500대 기업의 85%, 세계 8대 자동차 기업들, 세계 10대 제약회사들, 세계 7대 항공사들, 세계 20대 은행들이 로이드 시장을 통해서 보험에 가입하고 있다.[11]

(3) 보험의 대상

로이드 보험시장에서 취급되는 보험의 대상은 다음과 같이 나누어 볼 수 있다. 우선 로이드에서는 재보험이 가장 큰 비율을 차지하는 보험대상이며, 이 비율은 전체에서 약 35%에 이른다. 로이드가 인수하는 보험 중 가장 전통적인 보험부문인 해상보험은 전체 로이드 시장에서 인수되는 보험 중 약 8%를 차지하고 있으며, 항공보험 및 운송보험은 3% 정도의 시장 점유율을 보이고 있다. 또한 로이드 시장의 약 22%는 재물보험으로 인수되고 있으며, 재해보험이 약 21% 정도 인수된다. 이밖에 로이드에서 자동차보험이 차지하는 비율은 약 5% 정도이며, 에너지를 대상으로 하는 보험도 약 6% 정도이다.

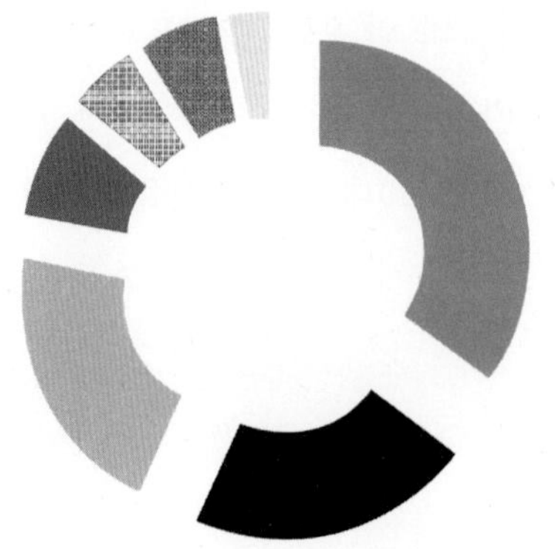

장기생명보험은 로이드 시장이 아니라, 1971년 로이드에서 전액 출자하여 설립한 로이드 생명보험주식회사가 이를 인수하고 있다. 그 이유는 로이드가 개인보험업자로 구성된 보험인수단이 보험을 인수하는 방식을 취하고 있으므로, 보험업자의 탈퇴나 신규가입이 있으면 보험인수단의 구성원이 달라지기 때문에 장기생명보험에는 적합하지 않기 때문이다.[12]

로이드는 어떠한 위험이든지 보험업자가 인수해 주기로 하면 무조건 보험으로 담보될 수 있는 보험대상에 관한 융통성 또는 유연성이 특징이다. 따라서 표준화된 보험요율로서 산정하기 힘든 특이한 위험(unique risk)도 일반 보험회사와는 달리 보험으로 인수할 수 있다는 장점이 있다. 로이드가 그동안 인수한 보험을 보면, 20세기 초 남유럽에 우박으로 인한 피해위험을 인수한 우박피해보험, 1920년대에 여성들이 여위었을 때를 대비하여 가입한 보험, 여배우인 베티 데이비스(Betty Davis)가 허리에 생길 위험에 대한 보험, 엘비스 프레슬리(Elvis Presley)의 출연 중 성대 이상에 의한 공연 중지에 관한 보험, 쌍둥이가 태어날 경우 경제적 어려움을 대비하기 위한 보험, 자신이 유괴되었을 경우의 몸값을 대비하기 위한 유괴몸값보험, 외국으로 운송하는 고래나 코끼리 등 살아있는 동물에 관한 보험 등이 있다. 심지어는 스코틀랜드의 유명한 '네스호의 괴물'이 생포될 경우 지급해야 하는 보상금에 대비한 보험도 있다. 이러한 특이한 보험은 로이드가 인수하는 보험 중 실제로 그 비율이 높지 않지만 로이드의 명성에는 크게 기여하였다.[13]

Ⅱ. 로이드 보험시장의 법적 분석

1. 로이드의 구성 및 조직

(1) 로이드의 구성원

로이드 보험시장은 크게 로이드 회원, 보험인수단, 중개인, 보험인수대리인 등으로 구성되며, 이들의 유기적인 업무분담과 연결로 시장이 운영되고 있다. 아래에서는 이러한 구성요소들과 관련된 내용들을 살펴본다.

a) 로이드의 회원

· 보험인수 회원(영업회원)

보험인수 회원(underwriting member) 또는 영업회원(working mem

ber)은 로이드에서 보험인수를 행하는 회원이다. 이들은 로이드에 자금을 제공하는 자이며, 동시에 로이드 시장의 실질적인 경영주체이다.[14] 로이드 커피점에서 보험을 인수하던 개인보험업자들로부터 이들의 역사가 시작한다. 과거 개인보험업자들은 Slip이라고 부르는 초기의 보험계약서 상에 자신의 이름을 서명(name)하였기 때문에, 로이드의 보험인수 회원을 흔히 'Name'이라고 부른다.[15] 오늘날 이들 대부분은 로이드의 거래소(the Room)에 가서 직접 보험을 인수하는 것이 아니라, 자기가 속하는 보험인수단(syndicate)의 현업보험인수인(간사보험자, active underwriter)에게 보험의 인수를 대행시키고 있다.

로이드 전체로서는 보험인수가능액(capacity)을 증가시킬 필요가 있었기 때문에, 보험인수 회원의 수를 늘리고자 하였다. 이러한 목적으로 1969년에는 외국인에게, 1970년에는 여성에게도 보험인수 회원이 될 수 있는 자격을 개방하였다. 또한 1993년의 로이드 사업계획(Planning for Profit: A Business Plan for Lloyd's of London)에 따라 1994년부터 법인을 보험인수 회원으로 받아들이기로 결정하였다. 따라서 현재 로이드의 보험인수 회원은 법인인 보험회사, 개인, 유한책임 파트너십 및 스코틀랜드 유한책임 파트너십 등으로 구성된다. 보험인수 회원을 정리하면 다음과 같다.

- 'Name'이라고 하는 전통적인 개인인수 회원은 자신이 인수하는 보험에 대해서 무한책임을 진다.
- 법인인수 회원은, 유한책임의 회사(Limited Companies)와 유한책임 파트너십(Limited Liability Partnership, LLP)[16] 및 스코틀랜드

유한책임 파트너십(Scottish Limited Partnerships, SLP)으로 나누어진다. 법인인수 회원은 유한책임을 목적으로 개인들이 설립하는 법인인 경우도 많은데, 이를 특히 'Namecos'라고 한다.

─유한책임 파트너십(LLP)는 2007년부터 새롭게 회원으로 활동하는 유형인데, 2000년의 관련법(the Limited Liability Partnerships Act 2000) 제정으로 출현한 법인형태이다. 스코틀랜드 유한책임 파트너십(SLP)는 스코틀랜드에서 독자적인 유형으로 설립된 법인형태이다.

이들 법인회원은 대부분 유한책임을 진다는 점에서 기존의 개인회원들과 근본적인 차이가 있다. 1994년 이후 보험인수인의 구성은 대폭적으로 변화하였다. 2009년 현재 로이드의 보험인수가능액의 약 85%는 회사인 법인회원의 자금이며, 현재 약 1,238개의 법인회원이 로이드에서 활동한다. 또한 약 10%의 자금은 보험회사의 형태가 아닌 유한책임 파트너십과 같은 형태로 유입된다.

2009년 현재 활동하는 보험인수 회원 중에서 무한책임을 지는 개인회원들은 773명이며, 로이드 보험인수가능액의 5% 정도가 개인회원의 자금이다. 현재 무한책임을 지는 보험인수 회원의 가입은 더 이상 불가능하다.

· 비보험인수 회원(비영업회원)

비보험인수 회원(nonunderwriting member) 또는 비영업회원이란, 보험인수의 당사자가 될 수 없는 점을 제외하고는 보험인수 회원과 전적으로 동일한 권리의무를 가지고 있는 자를 말한다. 종전에는 개인 중개인(broker) 또는 중개회사(brokerage firm)의 임원 등이 여기에 속했으나, 현재는 로이드 위원회가 로이드의 보험인수 회원이었던 자로서 고령이나 건강 등의 이유로 은퇴한 자에 한하여 비보험인수 회원으로 임명하고 있기 때문에, 그 수는 불과 몇 명에 지나지 않는다고 한다. 이들 비보험인수 회원은 로이드 내의 식당, 도서관 등의 시설을 이용할 수 있다.[17]

· 연회비거출회원과 준회원

연회비거출회원이란 매년 회비를 지급하고 로이드 거래소에 출입을 허가받은 자이다. 왕립거래소에서 비싼 사무실 임대료에 허덕이던 로이드가 그 해결책의 일환으로 1834년 영업회원 이외의 자에게도 보험 정보를 제공하여 수입을 증대시킬 목적으로 인정한 것이며, 로이드의 보험인수와 관련된 보험인수대리인(underwriting agent), 중개회사의 임원 등이 대부분이다. 이외에 보험회사도 로이드의 보험정보 서비스를 이용하기 위하여 연회비거출회원이 되기도 한다.

연회비거출회원이 됨으로써 보험인수대리인은 로이드의 거래소에서 보험인수를 대리할 수 있고, 보험중개인은 보험계약체결의 중개를 할 수 있으며, 기타의 자는 해사정보와 보험정보를 입수할 수 있게 된다. 그러나 어떠한 경우에도 연회비거출회원은 자기를 위하여 보험계약의 인수를 할 수는 없다.

이밖에 준회원(associate)은, 보험의 인수와는 직접관련이 없지만 보험에 관하여 전문직업적인 서비스를 제공하기 위해서 보험인수 회원이나 연회비거출회원과 접촉할 필요에서 소액의 회비를 내고 거래소에 출입하는 자를 말한다. 구체적으로 변호사, 회계사, 해손

정산인, 재판보좌관 등이 여기에 속한다.[18]

b) 보험인수단(Syndicate)

로이드에서 보험을 인수하는 것은 개인 또는 법인인 보험인수 회원(영업회원)이다. 그런데 실제에 있어서는 이들이 개별적으로 보험을 인수하는 것이 아니라, 각자가 인수하는 보험의 종류별로 보험인수단(syndicate)이라는 단체에 소속하여 함께 보험을 인수하게 된다.[19]

보험인수단의 효시는 1870년대 해상기업이 발달하고 또한 선박이 대형화되면서 보험가액도 급격히 증가되던 시기에서 찾을 수 있다. 당시 로이드의 개인보험업자들로서는 홀로 큰 위험을 모두 인수한다는 것이 사실상 불가능했기 때문에, 여러 명이 순차적으로 위험을 인수하는 방법을 택할 수밖에 없었다. 로이드는 해사정보에 관해서는 후발 보험회사보다 훨씬 유리하였기 때문에, 보험인수단의 형태를 통해서 보험인수에 필요한 충분한 자금만 제공된다면 보험회사들에 비해 경쟁력을 가질 수 있었다. 그런데 영국의 다른 대형 보험회사들이 이러한 위험을 한 번에 인수하면서 보험회사에 비해 경쟁력을 상실하였다. 당시 보험인수 회원 중 한 명이었던 프레드릭 마튼(Frederick William Marten)은 개인보험인수 회원들이 단체로 보험인수단을 형성하여 큰 위험을 공동으로 인수하는 방법을 만들었다. 보험인수단의 형성으로 19세기 후반 해상보험이 다시 로이드에 유입되었다.

보험인수단의 수는 보험인수 회원의 증가와 비례하여 1980년 430개에 이를 정도였으나, 이후 그 수가 감소하여 2008년 현재 80

개 보험인수단이 결성되어 활동하고 있다.[20] 보험인수단의 수는 줄었지만, 그 규모의 대형화 및 법인회원의 가입으로 보험인수가능액은 크게 늘었다.[21] 각각의 개인 및 법인 보험인수 회원은 하나 또는 여러 개의 보험인수단에 가입하여 위험을 인수하고 있다.

그러나 오늘날의 초대형 위험은 로이드의 보험인수단들마저도 단독으로 모든 위험을 인수하지는 못하는 상황을 만들었고, 로이드 중개인들은 자신이 중개하는 초대형의 위험을 전부 인수시키기 위해서 여러 보험인수단의 보험인수대리인들을 찾아가 순차적으로 위험을 나누어 인수시켜야 하는 예전과 비슷한 상황이 발생하였다. 1990년대 초부터는 여러 보험인수단이 다시 상위의 인수단을 구성하여 이러한 초대형 위험을 인수하기 시작하였다. 이러한 인수방식에 의해서 여러 보험인수단들이 미리 인수비율을 정하고 한 번에 위험 전체를 인수할 수 있게 되어, 초대형 위험의 인수에 대해서도 로이드의 경쟁력이 높아졌다.

c) 중개인(Brokers)

로이드 법 제8조 제3항은 로이드에서 보험에 부보하기 위해서는 반드시 로이드의 중개인(Broker)을 경유하여야 한다고 명시하고 있다. 로이드의 보험업자(Underwriter)는 로이드의 거래소에서 중개인이 가져온 위험만을 인수하게 되는 것이다. 2008년 현재 로이드에는 176개의 보험중개회사가 로이드의 보험중개인으로 등록되어 있다. 대부분의 중개인은 각각 개별적인 전문보험 분야에서 활동하는 것이 보통이다.

로이드 중개인과 보험인수인의 상호관계는 '최대 선의'(utmost

good faith)로 결합되어 있다고 한다. 즉 중개인이 제시한 '위험의 명세를 기입한 계약서'(slip)[22])에 보험인수인이 일단 서명하면 보험인수인은 명예를 걸고 약속을 이행하며, 중개인은 보험증권 발행전이라도 사고발생시 보험금이 지급될 것임을 신뢰한다. 동시에 보험인수인도 중개인이 당해 위험에 관한 중요 사실들을 모두 보험인수인에게 올바르게 고지했을 것으로 믿는다. 이러한 양자의 상호신뢰가 오늘날 로이드의 번영을 만드는 밑거름이 되었다고 할 수 있다.[23])

d) 보험인수대리인(underwriting agent)

위에서 언급한 바와 같이, 로이드의 거래소(the Room) 내에 있는 Box에 앉아서 보험을 실제로 인수하는 자는 보험인수 회원이 아니라 이들을 대리하여 인수업무를 전문적으로 행하는 보험인수대리인이다. 그런데 오늘날에는 이 보험인수대리인까지도 대형화·기업화되어, 실제로 Box에 앉아 보험인수를 받는 것은 보험인수대리인이 임명한 또는 고용한 현업보험인수인(간사보험자, active underwriter)이 맡아서 하고 있다. 현업보험인수인은 보험인수에 관한 전문적인 지식을 가지고 있는 보험인수 전문가이며, 해상, 비해상, 자동차 그리고 항공 중 하나의 분야에서 업무를 한다.[24])

보험인수대리인은 그 업무를 기준으로 관리대리인과 회원대리인으로 나누어 볼 수 있다.[25]) 관리대리인(managing agents)은 보험인수단(syndicate)의 관리운영을 담당한다. 따라서 보험인수단의 회원들을 대신하여 현업보험인수인을 선임하며 보험료 신탁기금의 관리, 보험금의 지급 등의 업무를 행한다. 회원대리인(member's

agents)은 개인보험인수 회원과 보험인수단을 연결시키는 역할을
한다. 이들은 개인보험인수 회원을 대신하여 로이드 내에서 개인보
험인수 회원의 일상 업무를 처리하고, 또한 적절한 보험인수단을
선정할 수 있도록 소개하고 조언을 한다. 그러나 보험의 인수 면
에서는 어떠한 역할도 하지 않는다. 이렇게 보험인수대리인은 그
업무에 따라 서로 다른 종류의 대리인으로 나누는데, 현실적으론
하나의 보험인수대리인이 두 가지 업무를 동시에 겸하고 있다. 이
러한 이유로 일반적으로 양자를 구별하지 아니하고 그냥 보험인수
대리인이라고 통칭하고 있다.

현재 대부분의 보험인수대리인은 회사 조직으로 되어있다. 1982
년 로이드 법은 로이드 중개인이 관리대리인을 겸직하지는 못하도
록 규정하였다. 그러나 로이드 중개인이 회원대리인을 겸직할 수는
있다.

e) 로이드 대리점(agent)

로이드 대리점은 로이드와 로이드의 회원들에게 회사정보 제공
과 보험사고발생시 손해액의 확정을 도와주는 등의 보험서비스를
제공하기 위한 대리점으로, 로이드의 '눈과 귀'(eyes and ears)라고
설명할 수 있다. 로이드 대리점이란, 시장으로서의 로이드 법인의
대리점이고, 로이드에서 보험에 가입하기 위해서는 로이드 중개인
을 통한 가입만이 인정되며 직접 가입 또는 대리점을 통한 가입은
인정되지 않고 있다.

로이드의 대리점 시스템은 1811년 로이드 위원회에게 대리점을
설치할 권한을 부여한데서 기원한다고 한다. 대리점의 자격(Agent

Qualifications)은, 관련 장소에 '거주하는 자'로, '기반을 잡은 자'이어야 하고, 그 지역사회에서 '높은(well established) 상업적 위치와 성실성'이 있어야 한다. 로이드는 세계 전역에 350개 이상의 대리점과 500개 이상의 하위 대리점을 지명하여 운영하고 있고, 이는 전 세계적으로 네트워크화되어 있다. 이 중 250개소 정도는 보험금 청구시 조정과 화해를 할 수 있는 권한(authority to adjust and settle claims arising under Lloyd's certificates of insurance)이 부여되어 있다고 한다.

로이드 대리점의 임무는 크게 두 가지이다. 첫 번째는 각 항구에서 수집되는 해운정보를 정기적으로 영국의 로이드에 송부하는 일이다. 이러한 정보는 로이드 출판사(Lloyd's of London Press Ltd.)에서 발행되는 Lloyd's List를 비롯하여 각종 간행물을 통하여 공표된다. 두 번째는 보험사고가 발생한 경우 손해조사업무를 수행하는 것인데, 이 조사는 로이드가 아니라 대리점을 위한 것임이 고객에게 명시되어야 한다. 사고 발생시 손해조사를 위한 조사관을 지명하며 검정보고서를 발급한다. 조사업무를 위해 대리점 자체에 조사원들(staff surveyors)이 고용되어 있는데, 더 나아가 특수지식이 요구되는 경우에는 대리점이 적당한 사람을 지명하여 조사하도록 한다.

(2) 조 직

a) the Committee of Lloyd's

로이드 위원회(Committee of Lloyd's)는 로이드의 일반사무를 담당하는 기관으로서, 보험업자인 영업회원들이 선출하는 16명의 운영위원으로 구성되어 있다. 위원회에는 1명의 의장과 2명의 부의장이 있으며, 매년 3명씩 운영위원들이 교체된다.

1982년 로이드 법 이전에는, 위원회가 로이드의 중심기관으로서 대외적으로 로이드를 대표하는 동시에 대내적으로 일반사무 감독과 회원을 징계하는 등 통제기능을 수행하였다. 그러나 1982년 로이드 법 제6조는 로이드의 규제 및 감독권을 평의회로 옮기면서 위원회는 로이드의 일반사무만을 담당하도록 규정하였다. 위원회는 로이드의 일상 업무와 관련된 대리점, 보험증권 발권부, 외국법규부, 회원부, 감사부 등을 관장하고 있으나, 보험계약 조건이나 보험요율 등의 보험 업무에 관해서는 전혀 간섭하지 않는다.

b) the Council of Lloyd's

로이드 평의회(Council of Lloyd's)는, 로이드 운영의 공정성과 대외적 공신력을 제고하기 위하여 1982년 로이드 법에 따라 신설된 조직이다. 즉 로이드 평의회는 로이드 시장을 대외적으로 대표하고, 내부적으로 감독하는 역할을 한다. 로이드 평의회는 로이드 자체의 내부규제(self-regulation) 강화에 따른 행정업무를 처리하기 위한 것이며, 기존의 로이드 위원회가 영업회원(working member)으로만 구성된 반면에, 비영업회원과 외부가입자도 포함된다는 점이 특징이다. 이러한 특징은 기존 로이드 위원회가 영업회원을 중심으로 내부지향적인 운영을 하면서 발생하는 제도적인 미비점을 보완하고, 비영업회원 및 외부가입자를 로이드의 운영에 참가시켜 공정성과 대외적 공신력을 확보하자는 의도에서 출발하였다.

평의회는 로이드 시장의 통제와 경영을 위한 규정을 제정 또는 개정하고, 관련 사항을 결정하는 역할을 수행한다. 평의회에서 결정하는 사항 이외에도 보다 구체적인 것들은 평의회의 하부조직에서 결정되는데, 평의회의 하부조직으로는 Franchise Board가 중추적인 역할을 하고 있다. 이밖에도 'Nomination, Appointment & Compensation Committee', 'Compliance Committee' 그리고 'Audit Committee' 등이 평의회의 하부조직이다.[26]

평의회는 18명의 위원으로 구성되는데, 6명은 영업회원(working membership) 중에서 선출하고, 6명은 비영업회원(external membership) 중에서 선출하며, 나머지는 로이드의 추천과 영국왕립은행장이 승인하는 6명으로 이루어진다. 평의회에서는 매년 영업회원 중에서 의장과 부의장을 선발한다. 이밖에 모든 평의회 위원들이 The Financial Services and market Act 2000(영국 금융서비스 시장법, FSMA 2000)에 근거하여 만들어진 영국 금융감독청(financial services Authority, FSA)으로부터 승인을 받는 등, 평의회의 업무와 조직은 외부 감독을 받고 있다.

c) Lloyd's Franchise Board

로이드 경영위원회[27](Franchise Board)는 평의회의 하부조직으로서, 로이드의 경영을 위한 구체적인 업무를 수행한다.[28] 시장의 경영전략을 수립하고, 위험을 관리하며, 이익창출을 위한 상품개발 등의 업무를 하는 것이다.[29] 다시 말하면, Franchise Boards는 보험인수단들을 위한 지침을 제시하고, 위험관리나 위험인수에 관련된 사업계획을 추진하고 감시하는 역할을 한다. 이러한 업무를 통해서 로이드 보험시장의 안정과 이익증진에 기여한다.

본 위원회는 평의회 의장이 대표하며, Chief Executive Officer, Director of Finance, Risk Management and Operations, Franchise Performance Director로 구성된 위원들이 업무를 수행한다. 또한 로이드 경영합리화를 반영하여, Franchise Board에는 관련 전문가들로 이루어진 일곱 명의 전문가단(Non-executive independent directors)이 활동하고 있으며,[30] 이밖에 Franchise Board의 기능수행을 위해서 몇 개의 하위기구가 있다.[31]

2. 보험인수와 보험금의 지급

(1) 보험인수의 실제 과정

로이드는 그 역사적 배경과 규율 때문에, 일반 보험인수와는 차이가 있는 독특한 보험인수 형태를 취한다.[32] 즉 로이드에서 보험을 가입하기 원하는 보험계약자 개인 또는 법인은 자신이 부보하기를 원하는 위험을 가지고 중개인을 통하여 청약을 하고, 이를 로이드의 보험인수 회원이 위험을 인수하면 보험계약이 성립하게 되는 것이다.

로이드에서 구체적으로 보험이 인수되는 과정은 다음과 같다. 중개인은 피보험자의 위험의 명세를 기입한 slip을 가지고 로이드의 거래소 안으로 들어간다. 이곳에서 중개인은 피보험자의 대리인으로서, 피보험자에게 가장 유리하고 충분한 보상을 해 줄 것으로 예상되는 보험인수인(오늘날은 보험인수단)의 자리(Box)에 가서 보험가입을 위해 Box 안에 있는 보험인수대리인을 설득한다. 보험인수대리인은 중개인에게 위험을 확인하기 위한 질문을 하고, 중개인은 이에 대해 성실하게 답한다.[33]

　만약 보험인수인이 중개인이 가지고 온 위험을 인수하지 않겠다고 한다면, 중개인은 거래소 내의 다른 Box에 가서 다른 보험인수대리인에게 처음부터 다시 설명을 한다. 만약 보험인수대리인이 보험을 인수하기로 한다면, 보험인수대리인은 제시된 위험이 적힌 slip에 자신이 바라는 조건과 요율을 기재한 후, 보험인수인(보험인수단)의 약호와 고유번호가 새겨져 있는 스탬프를 찍고 인수금액과 이니셜을 서명한다. 이렇게 최초로 위험을 인수한 보험업자를 'leading underwriter'라고 부른다. 중개인은 다시 인수되지 못한 나머지 위험을 위해 거래소 내를 돌며 위험을 인수해 줄 다른 보험인수인(보험인수단)을 찾는다. 만약 이전의 leading underwriter가 정한 보험요율과 조건에 따라서 나머지 위험의 인수에 참여한 보험업자들이 있다면, 이들을 'following underwriter'라고 부른다.[34] 보험인수의 과정을 그림으로 나타내면 다음과 같다.[35]

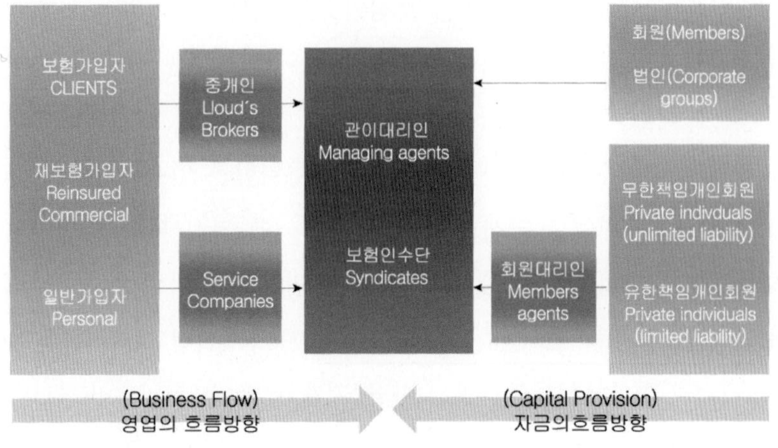

(2) 보험인수의 특징36)

로이드에서의 보험가입에는 아래와 같이 중요한 네 가지 특징이 있다.

첫 번째는 로이드에서 보험에 가입하기 위해서는 반드시 로이드가 공인한 로이드 중개인(Lloyd's Broker)을 통해서만 보험가입이 가능하다는 것이다. 즉 일반 보험시장처럼 보험대리점을 통한 계약이나 직접(direct)계약을 체결할 수는 없다.

두 번째는 로이드의 보험인수 회원은 본인이 직접 위험을 인수하는 업무를 행하기도 하지만, 대부분은 보험인수대리인(underwriting agent)에게 위험을 인수하는 업무를 위임하고 있다는 것이다. 개인보험인수 회원의 경우 자신의 전 재산을 건 무한책임을 지는 일을 다른 사람에게 맡겨 놓았다면 흔히 이해가 가질 않겠지만 실제로는 대부분의 개인보험인수 회원도 보험인수대리인에게 그 인수업무를 위탁한다.

세 번째는 로이드의 보험인수 회원은 보통 여러 명이 연합하여 보험인수단(Syndicate)을 구성하고 위험을 공동으로 인수한다는 것이다.

네 번째는 로이드에서 가입한 보험의 보험금지급의무는 개별적인 보험인수 회원이 각각 책임지며 로이드 시장 전체는 이러한 보험금의 지급에 아무런 책임이 없다는 것이다.

(3) 보험인수 과정에서 발생하는 법적 문제들

일반 보험인수와 다른 로이드의 보험인수 과정에서는 그 특징과 관련된 특별한 법적 문제가 발생할 수 있다. 우선, 하나의 위험이 인수되는 과정에서 몇 개의 계약이 있는 것인지 판단하기 곤란한 경우가 발생한다. 이것은 보험인수단이 계약에 참여하고, leading underwriter와 following underwriter들이 하나의 위험을 공동으로 인수하는 경우가 많기 때문이다. 즉 이러한 형태의 보험인수계약을 보험인수인들이 당사자가 되는 하나의 계약으로 볼 것인가, 아니면 보험인수인들 각각의 개별적인 계약으로 볼 것인가의 문제가 발생하는 것이다.

또 하나의 문제는, 만일 leading underwriter에 대한 위험의 고지 등이 잘못되었다면, 이것이 following underwriter에게 그대로 반복되어 잘못 고지되지 않는 한, following underwriter가 이의를 제기할 수 없는가 하는 점이다. 단순히 following underwriter가 leading underwriter의 위험인수 때문에 그 위험을 인수하거나, 중개인에게 다른 업무를 부여하기 위하여 위험을 인수하는 경우에는, 그 위험

고지가 following underwriter를 보험계약으로 연결시키는 것은 아니다.

이 밖에도, 중개인이 위험인수를 위해 활동하는 동안 위험상황이 변동된 경우, following underwriter가 leading underwriter나 다른 following underwriter와는 상이한 조건으로 위험을 인수하는 경우, 중개인이 전체 위험에 대한 보험인수계약을 성사시키지 못한 경우나 중개인이 전체 위험을 넘어선 보험인수계약을 한 경우 등에서도 법적 문제가 발생할 수 있다.[37]

(4) 보험금 지급의 보장제도[38]

로이드 보험의 특징은, 로이드 그 자체는 하나의 시장일 뿐이고 실제로 보험은 개별 보험인수 회원이 인수한 것이기 때문에 그 보험금의 지급책임도 개별 보험인수 회원이 부담한다는 것에 있다. 따라서 피보험자의 입장에서는 자신이 가입한 보험계약의 사고 발생시 보험금의 지급을 어떻게 보장할 것인가 하는 의문이 생기기 마련이다.

특별히 과거 보험인수 회원은 개인들로서 각자 자신이 무한책임을 부담하도록 되어 있었기 때문에, 로이드의 신용을 유지하기 위해서 보험금의 지급이 차질이 없도록 하는 것이 매우 중요했다. 따라서 로이드에서는 이러한 무한책임을 가능하게 하는 여러 가지 제도적 장치를 만들었다. 로이드가 1994년부터 유한책임을 지는 법인회원들을 보험인수 회원으로 받아들이고, 이들이 로이드 보험인수의 절대다수를 차지하는 오늘날에도 보험금의 지급을 보장한다는 측면에서 아래의 제도들은 계속 유지되고 있다.

a) 보험료 신탁기금(Premium Trust Fund)

보험금을 지급하지 못하는 사태에 대처하기 위해서, 1851년 로이드 위원회는 내부규칙을 작성하여 회원이 파산한 경우는 로이드로부터 추방하기로 하였다. 그리고 1857년에는 일부 신입 회원의 지급불능에 대비하기 위한 예탁금을 수령하기 시작하였고, 이어서 1882년에는 모든 신입회원에게 예탁금을 예치하도록 규칙을 정하였다.

현대적인 보험료 신탁기금 제도는 20세기 초에 만들어졌다. 이에 의하면 로이드의 보험인수 회원은 그 수입보험료의 전부를 보험료 신탁기금에 위탁하여야 하며, 이 기금은 피보험자를 위하여 관리되고 피보험자에게 보험금을 지급하는 경우에 한해서만 충당된다. 이 기금은 전통적인 3년 회계방식에 의하여 매년 보험금, 보험료반환금, 재보험료 및 경비의 지급을 위해서만 사용될 수 있고, 일반보험회사와는 달리 기금의 이자도 보험료수입의 일부로 보아 함께 관리한다.

기금을 위탁한 보험인수 회원은 3년 회계연도가 마감된 후, 로이드 위원회가 승인한 공인회계사에 의하여 이익이 있었던 사실을 증명한 후에 비로소 기금을 분배받을 수 있도록 하였다.[39] 보험료 신탁기금제도를 통하여 보험계약자들은 보험계약상의 보험금지급에 대한 우려를 덜었고, 로이드의 신용이 상승하는 결과를 가져왔다.

b) 회계감사제도

회계감사제도는 보험료 신탁기금 제도와 함께 20세기 초에 고안된 것이었으나, 초기에는 많은 로이드의 회원들이 이에 대해 강력하게 반발하였다. 그러나 보험사업이 위축되는 결과를 초래할 것을 우려한 다수 회원의 동의로 회계감사제도가 로이드 총회에서 채택되어, 모든 보험인수단이 회계감사증명서를 로이드 위원회에 제출하게 되었다.

이러한 회계감사제도로 인해 로이드 위원회는 보험인수단의 장부를 검토하여 재정상의 결함을 되도록 빨리 발견할 수 있고, 필요에 따라 보험인수 회원의 보험인수를 제한할 수 있게 되었다. 즉 당시 로이드 위원회는 거래에 관여하지는 않으나, 그것을 통제하고 피보험자를 보호하는 역할을 할 수 있게 된 것이다.

현재 로이드의 회계감사는 영국 보험회사법의 규정에 따라 행해지며 감사결과 준비금이 불충분한 경우에는 추가적립을 하든가 보험인수를 정지당한다. 이 결과 로이드의 보험인수능력은 견고성을 유지하게 된다.[40]

c) 중앙기금(Central Guarantee Fund)

이 제도는 1925년 해리슨(Harrison)이라는 보험인수 회원의 파산을 계기로 만들어진 것이다. 즉 로이드의 보험인수 회원이 개인이기 때문에, 그의 파산으로 인한 피보험자의 손해를 보상하기 위하여 중앙기금제도를 고안한 것이다.

이 제도에 따르면, 로이드의 보험인수 회원 전원은 그 보험료 수입의 일정비율을 중앙 기금에 납입하여야 한다. 이 기금은 로이드 위원회와 평의회에 의하여 관리되며 기금의 사용은 로이드의 보험인수 회원이 자신이 소유하는 모든 재산을 가지고도 보험금 지급책임을 수행할 수 없는 경우에만 사용된다. 즉 이 기금은 보험인수 회원을 보호하기 위한 것이 아니라 피보험자를 보호하기 위하여 적립되는 것이다.

d) 총인수가능 보험료한도(Overall Premium Limit) 설정 및 예탁기금

로이드는 각 보험인수 회원이 제공할 수 있는 보험인수의 한도액을 설정하여, 이 한도 내에서만 각 회원이 보험을 인수할 수 있도록 하고 있다. 즉 보험인수 회원들은 인수연도 개시 전에 인수할 수 있는 총보험료의 최고액을 설정하는데, 이를 총인수가능 보험료한도라고 한다. 이 한도액은 보험인수 회원과 관리대리인 간에 체결된 인수비율에 따라 각 보험인수단에 할당된다.

각 보험인수 회원의 인수가능 한도액을 합한 것이 그가 속한 보험인수단의 인수가능총액이 되며, 개별 보험인수단의 인수가능총액을 합한 것이 로이드 시장 전체의 보험인수가능액(capacity)이 된다.[41]

총인수가능 보험료한도의 설정에 있어서 보험인수 회원은 30%에 해당하는 금액을 로이드에 예탁할 의무가 있다. 이 예탁금은 보험인수 회원이 설치한 개별준비금 및 특별준비금을 합한 것이므로, 이 총액이 로이드 예탁기금이다. 개별 보험인수 회원들이 각 인수연도 개시 전에 설정하는 총인수가능 보험료한도는 당해 보험인수 회원의 예탁기금에 로이드 평의회가 정한 배수를 초과할 수 없다.

Ⅲ. 로이드 법(Lloyd's Acts)

1. 로이드 법의 제정 역사

영국의 로이드 법(Lloyd's Act)은, 1871년 처음 제정된 이후 로이드의 상황 및 사업 대상의 변화 등에 따라서 1888년, 1911년, 1925년, 1951년 그리고 1982년에 각각 새로운 법으로 제정되었다.[42] 그러나 현재까지 로이드에 적용되고 있는 법은 1871년, 1911년, 1951년 그리고 가장 최근 법인 1982년 로이드 법뿐이며, 1888년 로이드 법과 1925년 로이드 법은 모든 규정이 폐지되었다.[43] 또한 1871년, 1911년 그리고 1951년 법 중에서 일부 규정들은 개정되거나 삭제되었다.

1871년 최초의 로이드 법은 로이드 보험시장의 안정을 위한 법인화 작업에 초점이 맞추어져, 로이드를 구성하는 조직 등을 명시하여 Corporation of Lloyd's이라는 법인을 출범시킨 것이 가장 큰 의미이다. 그러나 이후의 로이드 법은 주로 로이드 법인의 경영안정화, 시장 확대와 이에 따른 인수보험의 다양화[44] 등을 법률적 뒷받침하는 것이 주된 목적이었다.

1982년 로이드 법은 기존의 로이드 조직에 큰 변화를 주었다. 즉 기존의 위원회 대신에 평의회를 설치하여 로이드 조직에 효율성 및 대외공신력을 추구하였고, 기타 여러 가지 상황 변화에 대처하기 위해서 다양한 새로운 규정을 마련하였다. 아래에서는 현재 로이드에 적용되고 있는 1871년, 1911년, 1951년 그리고 1982년 로이드 법 규정들의 내용들을 살펴본다.

2. 1871년 로이드 법

1871년 제정된 최초의 로이드 법은, 기존에 조직되어 '보험사업의 시장'으로 군림하던 로이드의 존재 이유와 목적을 명시하는 동시에,[45] 로이드에 대해서 새롭게 성문법적인 규제를 시도하였다. 즉 본 법의 승인 이전부터 진행되어 오던 여러 가지 관행 및 절차 등에 대해서 어느 정도의 유지와 중단을 균형 있게 규정하여, 로이드 전체의 통일성의 유지와 새로운 규율이라는 두 가지 면을 모두 충족하도록 노력한 것이다.[46]

1871년 로이드 법은 로이드의 주된 사무와 의사결정 등을 '위원회'(the Committee)가 하도록 규정하였다.[47] 이와 함께 위원회의 구성 및 선거방식 등도 규정하여 로이드의 중추적인 사무가 위원회를 통하여 이루어지도록 하였다. 그러나 1982년 로이드 법은 이러한 위원회 중심의 로이드 사무절차를 개선하여, 새로 설치된 로이드 '평의회'(the Council)에서 주요 사무를 처리하도록 규정하였으며, 위원회와 관련된 1871년 법의 규정들은 대부분 삭제되었다.[48]

처음 1871년 로이드 법의 제정 당시에는 본문 제43개의 조와 부칙으로 구성되었으나, 이후 몇 번의 로이드 법들이 제정될 때마다 일부 규정들이 개정 또는 삭제되었고, 현재는 본문 제21개의 조만 남아있다. 1871년 로이드 법의 각 조문별 제목은 다음과 같다.

3. 1911년 로이드 법

    1871년 로이드 법의 제정으로, 로이드는 법인격을 획득하였고 성문법적인 규제 장치도 확보하였다. 이 제정법 이후에도 로이드에 관한 규범은 계속 정비되었는데, 1888년 제정된 로이드 법과 같은 해에 제정된 로이드 신호기지법[50] 등이 그것이다. 그리고 1911년 에는 전체 15조와 부칙으로 구성된 새로운 로이드 법이 제정되었다.

    1911년 로이드 법의 가장 큰 제정 이유는, 1871년 법에 의해 규정된 로이드의 목적을 확대하기 위함이다. 1871년 로이드 법의 제정 당시, 로이드는 주로 선박보험 또는 해상운송과 관련된 보험 업무를 취급하였다. 그러나 시간이 지나면서 로이드가 취급하는 보험의 대상이 많아짐에 따라서, 로이드 법이 규정하는 로이드의 목적도 변화할 수밖에 없었다. 1888년 법이 그러한 상황을 대변하기는 하였으나, 20세기 들어서면서 두드러진 산업화 현상과 국제정세의 변화를 반영하기에는 무리가 있었던 것이다. 따라서 1911년 로이드 법의 특징은, 1871년 로이드 법의 목적과 보험사무와 관련된 몇 가지 규정들을 삭제하거나 개정하는 것이다. 1911년 로이드 법 제3조는 "협회의 목적은 협회의 회원에 의한 보증업무와 1871년 법에 명시된 바와 그에 따라 수행되어야 하는 업무를 포함하여 '모든 종류의 보험 업무'를 수행하는 것으로 한다."고 규정하였다.[51]

    이 밖에도, 1911년 로이드 법은 로이드의 재산관리와 관련된 몇 가지 새로운 규정을 신설하였다. 즉 협회가 보유하는 주식 등 재산의 목적을 규정하면서[52] 로이드 재산관리인에 관한 규정을 함께 두었다.[53] 1911년 로이드 법의 규정은 다음과 같다.

4. 1951년 로이드 법

　1911년의 로이드 법 제정 이후에도, 로이드의 사업은 제1차 세
계대전과 미국의 대공황 등 여러 국제정세의 변화와 함께 새로운
확장과 변화를 거듭하였다. 1925년 새로운 로이드 법[54]이 제정되

었고, 다시 제2차 세계대전을 거치면서 로이드는 변화를 거듭할 수밖에 없었다. 구성원들의 사업다변화와 더불어 협회 자체의 여러 가지 사업들도 충분한 자금을 필요로 하였는데, 이러한 상황은 협회가 자금을 직접 모집하거나 차용할 수 있는 권한을 요청하게 하였다. 따라서 이러한 내용을 골자로 하는 새로운 로이드 법 제정의 필요성이 대두되었다.

1951년 로이드 법은 이러한 로이드의 상황을 반영하여, 개별 구성원들의 활동과는 별도로 로이드 스스로 자금을 조달하거나 운용하는 데 있어서 융통성과 권한을 부여하는 것을 주된 목적으로 하였다. 또한 기존의 로이드 법 규정들 중에서 새로운 현실에 부합하지 못하는 부분들을 개정하였다.[55] 1951년 로이드 법은 본문 제8조로 구성되었으며, 현재는 제4조 내용이 삭제되었다. 본문의 제목은 다음과 같다.

제1조 명 칭

제2조 해 석

제3조 협회의 차용권한

제4조 자금 권한에 대한 유보(삭제됨)

제5조 특정 목적을 위한 협회의 재산관리인으로서 활동

제6조 보증에 관한 협회의 권한의 확대

제7조 기타 로이드 법들에 대한 개정

제8조 비 용

5. 1982년 로이드 법

1982년 제정된 가장 최근의 로이드 법은 로이드의 경영을 보다 합리화하고, 보험사업 전반에 걸친 로이드의 규제를 내용으로 하고 있다. 이 로이드 법은 본문 제18개의 조와 4개의 부칙으로 구성되어 있는데, 그 내용은 기존의 로이드 법들에 비교하면 '개혁'이라고 할 수 있다. 즉 1982년 로이드 법을 통해서 로이드의 전반적인 구성과 조직이 새롭게 규율되었으며, 현재 로이드의 경영은 주로 본 법과 본 법을 근거로 하는 하위규범(by－laws)들을 바탕으로 이루어지고 있는 것이다.

1982년 로이드 법의 내용은, 우선 로이드와 관련된 여러 가지 용어들에 관한 정의를 두고 있으며, 이것은 미래에 발생할 가능성이 있는 해석의 불확실성을 배제하는 역할을 한다. 또한 로이드 위원회나 중개인, 대리인 등에 관한 구체적인 규정들을 두고, 이들의 역할과 관계 등에 관해서 명시하고 있다.

특히 1982년 로이드 법은 '로이드 평의회'(the Council)를 설립하는 근거를 제공하여, 평의회가 임무수행에 필요한 하위규범을 제정 또는 개정할 수 있는 권한 등을 명시하고 있다. 로이드 평의회는, 로이드 자체의 내부규제 강화에 따른 행정업무를 처리하여 운영의 공정성과 대외적 공신력을 제고하기 위하여 신설된 조직이다. 즉 로이드 평의회는 로이드 시장을 대외적으로 대표하고, 내부적으로 감독하는 경영조직인 것이다.

이밖에 1982년 로이드 법은 구성원들의 징계절차 및 재심 등에 관한 직접적인 규정을 두고 있으며,56) 회원 및 중개인과 관리대리

인 등의 자격과 제한사항 등을 명시하고 있다. 또한 기존의 로이
드 법들과의 조화와 통일성을 유지하기 위하여 경과규정 및 폐지
와 개정에 관한 규정들을 두었고,[57] 부칙에서 이에 관한 매우 자
세한 사항들이 명시되어 있다. 1982년 로이드 법의 각 조문별 제
목은 다음과 같다.

제1조 명 칭

제2조 해 석

제3조 평의회

제4조 로이드 회장 및 부회장

제5조 위원회

제6조 평의회와 위원회의 권한

제7조 징계위원회와 재심위원회

제8조 보험사업

제9조 파산에 따른 회원자격의 정지

제10조 로이드 중개인에 대한 제한

제11조 관리대리인에 대한 제한

제12조 제10조와 제11조의 해석

제13조 1948년 회사법 일부 규정들의 적용

제14조 협회의 책임과 기타사항

제15조 폐지와 개정

제16조 현존하는 하위규범의 효력

제17조 경과규정

제18조 비 용

Ⅳ. 영국 금융서비스 시장법과 로이드에 대한 규제

1. 금융서비스 시장법의 제정

1998년 7월 영국 재무부(HM Treasury)는 1997년부터 준비해 온 통합금융감독법안인 Financial Services and Markets Bill(FSMB)을 의회에 제출했다. 이 FSMB는 여러 차례의 수정을 거친 후 상하 양원의 심의를 통과하고, 2000년 6월 여왕의 서명을 받음으로써 영국 금융서비스 시장법(Financial Services and Markets Act 2000)으로 탄생하였다. FSMA 2000은 영국 내 모든 형태의 금융기관 행위를 감독할 수 있는 단일하고 통일성 있는 입법체계를 구축함으로써, 금융업의 형평성을 도모하기 위해 의회에서 제정된 통합 금융감독법이다.[58] 영국에서는 이 법률을 통해서 은행, 증권, 보험, 자산운용 등 금융시장을 망라해서 규제하는 통합된 '단일금융감독법' 체제가 형성되었다.

과거 영국에는 은행, 증권거래소 및 로이드와 같은 City의 각종 금융시장, 주택금융조합(Builing Society)과 보험회사를 포함하는 기타 금융시장으로 구분되었다. 각 영역은 다른 형태의 회사나 기관들에 의해 영위되면서, 그 규제 역시 별도의 기관 또는 자율규제에 의해 영역별로 이루어졌다.

그러나 금융영역이 통합되고 구분이 불분명해지는 상황에서, 통합된 규범체계에 의한 규제와 감독이 필요하였다. 이러한 현상은 특히 1986년 이른바 '빅뱅'(Big Bang) 이후 더욱 두드러졌다. 빅뱅은 영국 금융기관들의 영업행위 확장에 따른 다른 영역침범으로 정부가 시정을 요구하였으나 이것이 받아들여지지 않자, 다른 영역에서 영업하는 금융기관들에게 업무영역의 제한을 풀어준 것에서 시작되었다. 금융에 금융서비스 시장법의 제정으로, 증권시장의 규제를 담당해 왔던 금융서비스법(Financial Services Act 1986), 보험시장의 규제를 담당해 왔던 보험법(Insurance Companies Act 1982), 예금시장의 규제를 담당해 왔던 은행법(Banking Act 1987) 등은 본 법에 의해 대체되었다.[59]

금융서비스 시장법은 총 30장 제433개의 조와 22개의 부칙으로 구성되어 있다. 금융서비스 시장법의 본문은 다음과 같이 구성되어 있다.

Part 1 통제기관(THE REGULATOR)

Part 2 규제대상행위(REGULATED AND PROHIBITED ACTiv ITIES)

Part 3 허가 및 예외의 인정(AUTHORISATION AND EXEMP TION)

Part 4 인가절차(PERMISSION TO CARRY ON REGULATED ACTivITIES)

Part 5 규제대상행위의 수행(PERFORMANCE OF REGULATED ACTivITIES)

Part 6 상장(OFFICIAL LISTING)

Part 7 영업양도의 규제(CONTROL OF BUSINESS TRANSFERS)

Part 24 파산(INSOLVENCY)

Part 25 기소 및 배상(INJUNCTIONS AND RESTITUTION)

Part 26 계고 및 통지(NOTICES)

Part 27 위반과 벌칙(OFFENCES)

Part 28 기타 사항(MISCELLANEOUS)

Part 29 용어의 해석(INTERPRETATION)

Part 30 부가규정(SUPPLEMENTAL)

그 주요 내용은, 첫째 대부분의 금융행위를 규제대상행위(regulated activities)로 규정하고 있으며, 이러한 규제대상 행위를 영위하기 위해서는 허가를 얻도록 정하고 있는 것,[60] 둘째 규제대상행위 전체에 대한 허가절차를 통합해 규정하고 있는 것,[61] 셋째 금융업허가를 받은 기관에서 일정한 통제기능을 담당하는 개인들이 사전승인을 받도록 규정하고 있는 것,[62] 넷째 금융서비스업자가 규정을 준수하도록 여러 유인을 제공하고 있는 것,[63] 다섯째 금융상의 권유행위(financial promotion) 규제를 이원적으로 제시하고 있는 것[64] 등이다.

2. 금융감독청의 출범

금융서비스 시장법을 통해서 금융업에 대한 통합감독권한을 갖는 단일감독기구인 '금융감독청'(Financial Services Authority, FSA)[65]이 정식으로 출범하게 되었다. 금융감독청은 형식적으로는 특별사법인으로 정부로부터 권한을 이양 받은 독립된 비정부기관이며,[66] 금융업자들로부터 징수한 수수료로서 운영된다.

1997년 종전 증권1부문규제를 담당한 1986년 금융업법에 근거한 증권투자위원회(Securities and Investment Board, SIB)가 금융감독청으로 명칭이 변경되었으며, 그 후 금융감독청은 비공식적 또는 특별조치를 통하여 은행 및 보험회사의 규제 및 감독권한을 이어 받았다.

금융감독청은 은행, 증권, 보험 등 금융관련 규제기관들을 통합한 형태로 이루어져 있다. 금융감독청의 규제감독대상은 은행, 보험회사 및 증권회사이며, 이밖에 주택금융회사와 공제조합, 신용조합, 금융자문업, 펀드매니저, 파생금융상품시장, 원유 및 금속거래소, 에너지 거래소를 포함한 모든 시장 및 거래소 등도 금융감독청의 감독대상에 포함되며, 로이드 역시 금융감독청의 규제와 감독을 받는다.[67]

금융감독청의 활동 목적은, 금융체계의 유지와 개선, 금융감독에 관한 대중 홍보, 소비자 보호, 금융관련 범죄의 예방 등에 있으며,[68] 이에 관하여 금융서비스 시장법에 근거한 일반적 규칙제정권(general rule making power)이 있다.

3. 금융서비스 시장법의 로이드 관련 규범과 규제체계

(1) 금융서비스 시장법 제19장의 내용

로이드에 관한 FSMA 2000의 제19장은 제314조로부터 제324조까지 총11개의 조항으로 구성되었다. 각 조항의 내용은 다음과 같다.

우선, 제314조와 제315조는 본 법의 규정들을 적용하는 주체 및 대상에 관한 일반적인 규정들이다. 제316조부터 제319조까지는, 금융감독청의 일반적 규제 또는 특정상황에 개입하는 내용과 절차를 규율하고 있다. 그리고 제320조부터 제322조까지는 이전에 로이드의 보험인수 회원이었던 자들이 당시의 자격으로 보험을 인수하여 현재까지 보험계약 관계를 유지하는 경우에 관하여 금융감독청이 규제하는 것을 골자로 하고 있다. 이밖에, 제323조는 로이드의 영업이전에 관한 규정이며, 제324조는 본 장의 해석을 명확하게 하기 위한 정의 규정이다.

(2) 금융감독청과 로이드

본 법에 따른 로이드에 대한 규제 및 감독의 주체는 영국 금융감독청(FSA)이다. 금융감독청은 로이드 보험시장을 일반적으로 규제 또는 감독하며, 이를 위하여 로이드 평의회가 시장을 내부적으로 규제하는 내용을 파악하고 있어야 한다. 또한 금융감독청은 로이드 시장 내에서 본 법이 규정하고 있는 규제대상행위가 제대로 이행되고 있는지 여부도 수시로 파악하여, 규제 권한을 직접 행사할 것인지도 검토해야 한다.[69]

금융감독청이 규제의 주체라고 한다면, 본 법 규정들의 적용을 받는 대상은 바로 로이드 협회(Lloyd's Society)가 될 것이다. 본 법 제315조는, 본 법에서 로이드 협회의 지위에 관하여 규정하고 있다. 로이드 협회는 본 법 제31조에서 규정하는 '권한이 부여된 자'(Authorised Person)이며, 협회는 본 법 제22조상의 '규제대상이

되는 행위'(Regulated Activities)를 할 수 있다. 여기에 해당하는 규제대상행위란, 기본적으로 로이드 시장 내에서 보험인수가 이루어지도록 주선하는 것[70]이며, 나아가 로이드 보험인수단(Syndicates)에의 참여를 주선하는 것[71]이다. 이밖에 이러한 행위들과 관련되거나 이를 목적으로 하는 기타 행위들도 포함된다.

로이드 협회는, 금융서비스 시장법에서 규정하는 일반적인 회사의 등록요건을 적용받지 않는다.[72] 즉 본 법은 로이드 협회를 일반적인 금융회사로 간주하지 않고, 그 특수성을 존중하는 것이다. 이것은 본 법이 제19장에서 로이드에 관한 특별규정을 두어 별도로 규제하려는 것과 같은 취지이다.

(3) 금융감독청의 규제 및 감독 내용

금융감독청의 로이드 보험시장행위[73]에 대한 규제는, 제316조에서 명시된 일반적 규제와 제318조에서 명시된 바와 같이 특정 상황을 규제하는 것으로 나누어진다. 금융감독청의 일반적인 규제는, 협회 구성원들의 행위에 대하여 본 법 제19조에서 규정된 일반적 금지사항을 적용하거나 제319조의 핵심규정들을 적용하는 것을 말한다.[74] 금융감독청은 일반적 규제를 위한 규정들의 적용을 검토하고 적용에 따른 상황을 감독한다.

위의 일반적 규제 이외에, 금융감독청은 특정한 목적을 달성하기 위한 규제 및 감독을 할 수도 있다.[75] 이러한 규제 및 감독은 일반적 규제 대신할 수 있으며, 동시에 할 수도 있다.[76] 특정 목적을 위한 규제의 특징은, 금융감독청이 직접 감독에 나서지 않고

로이드 평의회 또는 평의회를 통해서 활동하는 협회를 매개로 하여 간접적으로 감독한다는 점이다.[77)]

로이드에서 보험인수 회원이었던 자는 권한 있는 자인가 여부를 불문하고 로이드에서 인수하였던 보험계약을 이행할 수 있다.[78)] 또한 로이드에서 인수된 보험의 안정성을 담보하고 보험계약자의 이익을 보호하기 위해서 금융감독청이 필요하다고 판단하는 경우에 적절한 규제를 할 수도 있다. 이러한 규제는 구체적으로 금융감독청의 전 보험인수 회원에 대한 필요조건 부과와 특정 규정의 제정이다.[79)] 즉 금융감독청은 로이드의 전 보험인수 회원에게 적절한 조건을 제시하여 이를 충족시키도록 감독하고 이와 같은 필요조건이 부과된 자에게 적용될 특정규정을 마련한다.

(4) 규제 및 감독의 절차

본 법은 금융감독청의 로이드에 대한 규제 및 감독사항을 규정하면서, 이에 따른 절차들도 명시하였다. 우선 금융감독청의 모든 규제 내용 및 결정 등은 서면을 통해서 관련자에게 통지되어야 하며,[80)] 필요한 경우 해당 사실이 적절한 방법으로 공표되어야 한다.[81)]

금융감독청은 규제 내용을 제공하면서 요금을 부과할 수 있으며,[82)] 재무부에는 그 내용을 제출하여야 한다.[83)] 또한 본 법은 금융감독청의 규제에 관련된 자가 금융감독청에 의견을 진술하고 변경을 요구할 수 있으며,[84)] 심판소에 이의를 제기할 수도 있다고 규정하였다.[85)]

4. 금융감독청과 로이드 협회의 내부규제에 의한 중첩적인 감독

앞서 살펴본 바와 같이, 금융서비스 시장법은 제19장에서 로이드에 관한 규정을 두어 규율하고 있으며 금융서비스 시장법에 근거하여 설치·운영되는 금융감독청이 로이드에 대한 규제 및 감독을 하고 있다. 즉 금융감독청은 금융서비스 시장법에서 규정된 금융에 관한 일반적 기준을 제시하면서, 다른 금융기관의 감독과 모순되지 않도록 로이드를 감독하는 것이다.

그러나 구체적으로는 금융감독청이 로이드 협회 자체의 내부규제(self-regulation)를 존중하면서, 규제활동의 주요부분을 1982년 로이드 법에 근거하여 설치된 로이드 평의회에 위임하고, 평의회의 감독에 중점을 두는 간접적인 로이드 감독방식을 취하고 있다.

많은 부분의 로이드 규제는 로이드 평의회를 통해 제정된 규칙들과 금융감독청의 승인 및 감독으로 이루어진다. 그러나 최근에는 역시 금융감독청의 감독을 받는 보험회사들의 운영원칙들이 문서화되어 보급되면서, 금융감독청의 규제에 따라 시장이 정형화되는 경향이 강하다. 또한 규율의 변동은 즉시 공개되어 시장에 배포되기 때문에, 그 감독과 규제가 보다 투명하게 되었다.86)

제 2 장

로이드 관련 규범

제2장에서는, 제1장에서 설명한 로이드에 관한 사항들을 직접 규제하고 법적 근거를 제시하는 로이드 관련 법규들에 관한 규정 내용을 번역하여 소개한다.

I. 로이드 법(Lloyd's Acts)

1. 1871년 로이드 법(Lloyd's Act 1871)

제1조 명 칭

제2조 기존 관행의 중지

제3조 로이드의 설립

제4조 협회에 속한 재산 등

제5조 계약 등의 유효

제6조 소송 등의 유효

제7조 협회에 관한 채무

제8조 직원들의 존속

제9조 권리와 책임에 관한 일반적 유보

제10조 협회의 목적

제11조 위원회-구성원과 정족수(삭제됨)

제12조 최초의 위원회(삭제됨)

제13조 위원회 구성원의 은퇴(삭제됨)

제1조 명 칭

본 법은 1871년 로이드 법이라고 한다.

제2조 기존 관행의 중지

본 법의 승인 이전, 로이드의 설립 회원 혹은 협회[87] 회원에 의해 실행된 1811년 8월 30일의 설립 행위 또는 이들을 계승하는 다른 회원들의 행위는 본 법이 승인되는 시점에 효력을 상실한다.

제3조 로이드의 설립

George Joachim Goschen, William Simpson, James Leverton Wylie, William Young, Henry Caspar Heintz, Frederic Bernstein Bernard Natusch, James Bischoff, George Dorman Tyser, Michael

Wills, William Wilson Saunders, Leonard Charles Wakefield, Thomas Chapman 그리고 본 법의 승인 전후로 로이드의 회원으로 허가받은 모든 자들은 본 법의 목적에 따라 연합하여 로이드라는 이름으로 통합되며, 그 명칭과 공동의 인장, 종신의 승계, 토지와 기타 재산을 구매, 상속, 처분하는 권한 등을 가지는 하나의 법인이 된다.(이 법인은 본 법에 의해서 협회라고 부른다)

제4조 협회에 속한 재산 등

본 법의 승인될 당시 법규와 형평의 원칙에 따라 부여된, 로이드의 사무를 처리하기 위해 위원회 또는 그들의 대리인 혹은 위원회나 로이드 회원의 재산관리인에 속하는 모든 재산이나 권리들은, 본 법의 목적에 근거하여 같은 범위로 협회에 속한다. 본 법이 승인될 당시 위원회, 개인이나 재산관리인에 각각 속하거나 이용되었던 부동산이나 기타 이익도 그러하다. 본 법의 승인 이전에 존재한 기존의 로이드 조직이나 협회 또는 위원회를 위한 모든 재산관리인들은 본 법이 승인되지 않았을 상황과 가깝게 협회를 위한 재산관리인의 지위를 유지한다.

제5조 계약 등의 유효

위에서 언급된 본 법에 의한 설립과 계승행위에 대한 효력의 중지 그리고 본 법에 의한 협회의 설립에도 불구하고, 본 법이 승인되기 전에 로이드의 사무를 처리하기 위해 위원회 또는 위에서 언급된 자가 행한 신탁, 임대차, 담보, 사채, 계약, 보증, 양도 등의 행위 또는 기타의 것들은, 만일 본 법이 승인되지 않았다면 위원회에 의해서 원래의 의도대로 처리되었을 경우와 마찬가지로 협회에 대해서 유효하고 유지된다.

제6조 소송 등의 유효

위에서 언급된 효력의 중지와 설립에도 불구하고, 본 법이 승인되기 이전에 로이드의 사무를 처리하기 위해서 위원회 또는 위에서 언급된 자에 의하거나 이들에 대해서 취하여진 소송, 재판, 형사고발 등은 본 법에 의해서 무효화되거나 중지되는 등 영향을 받지 않으며, 만일 본 법이 승인되지 않았다면 위원회 또는 위에서 언급된 자에 의하거나 이들에 대해 처리되었을 경우와 마찬가지로, 협회에 대하여 유효하고 유지된다.

제7조 협회에 관한 채무

위에서 언급된 자 또는 로이드의 사무를 처리하는 위원회에 대한 모든 채무는 모든 파생된 이자를 포함하여 협회에 지급되어야 하며, 위의 자들이 구상할 수 있다. 위원회의 구성원 또는 위에서 언급된 자에 의한 모든 채무는 모든 이자를 포함하여 협회가 지급해야 하며, 위의 자들에 대해 구상할 수 있다.

제8조 직원들의 존속

본 법이 승인될 당시에 로이드의 사무를 처리하기 위해 위원회에 의해서 고용되었던 모든 사무직원이나 기타의 자들은, 기존의 고용조건에 따라서 협회가 고용하거나 임명한 것으로 취급하여 존속한다. 그들에 대한 신원보증인들의 책임은 협회에 대하여 유지된다.

제9조 권리와 책임에 관한 일반적 유보

위에서 언급된 효력의 중지와 설립에도 불구하고, 본 법에 의해 명시적으로 규정된 바를 제외하고는, 본 법의 승인 이전에 로이드의 사무를 처리하기 위해서 위원회 또는 위에서 언급된 자에 의하여 수행된 모든 것은 본 법이 승인되지 않았을 경우와 같이 그대로 유효하며, 따라서 위에서 언급된 효력의 중지와 설립 그리고 본 법은 현재와 미래에 있어서 각각 만약 본 법이 승인되지 않았다면 수행되었을 모든 상황과 모든 권리, 책임, 배상, 청구라고 본다. 그러한 권리, 책임, 배상, 청구에 관하여, 협회는 모든 점에서 위에서 언급된 설립과 계승행위에 의해 이루어진 조직 또는 협회를 계승하고 유지한다. 본 법규의 대부분은 본 법의 다른 어느 규정들에 의하여도 제한되지 않는다.

제10조 협회의 목적[88]

협회의 목적은 다음과 같다.

　보증보험사업을 포함한 협회 회원에 의한 모든 보험인수사업의 수행협회 회원으로 행하는 사업들과 선박, 화물 등 모든 보험인수 가능 대상 또는 이익에 관련된 협회 회원들의 이익증진과 보호정보의 수집과 보급협회의 목적을 충족하기 위한 모든 것들의 수행

제11조 위원회 – 구성원과 정족수(삭제됨)[89]

제12조 최초의 위원회(삭제됨)[90]

제13조 위원회 구성원의 은퇴(삭제됨)[91]

제14조 위원회 구성원의 순환(삭제됨)[92]

제15조 위원회 구성원의 선거(삭제됨)[93]

제16조 (위원회) 구성원의 재입회 자격(삭제됨)[94]

제17조 정기휴업(삭제됨)[95]

제18조 회의에서의 투표(삭제됨)[96]

제19조 부칙의 기본적인 규범들(삭제됨)[97]

제20조 기본적인 규범 등의 위반에 따른 회원자격의 박탈(삭제됨)[98]

제21조 사기 등에 따른 회원자격의 박탈(삭제됨)[99]

제22조 파산 등에 따른 회원자격의 박탈(삭제됨)[100]

제23조 회비미납 등에 따른 회원자격의 박탈(삭제됨)[101]

제24조 하위규범 제정권(삭제됨)[102]

제25조 하위규범에 따른 회원자격박탈 불가능(삭제됨)[103]

제26조 기록인에 의한 하위규범의 허가(삭제됨)[104]

제27조 하위규범의 증명과 인쇄(삭제됨)[105]

제28조 기존의 하위규범의 존속과 삭제

1871년 1월 4일 로이드 총회에 승인되고 11일에 확정된 로이드 사무를 처리하기 위한 일반적인 규범들 또는 하위규범들은, 본 법과 합치되지 않는 한, 본 법에 근거한 하위규범들에 의해서 폐지되며, 본 법의 승인 후 본 법에 의해 설립된 협회와 회원들에 적용되는 동안(그 전에 폐지되지 않으면) 최대 4개월까지 효력이 유지된다. 그러나 본 법의 승인 이전에 제정된 위의 일반적인 규범들 또는 하위규범들은, 본 법이 승인되지 않았으면 가졌을 효력 이상을 가지는 것은 아니다.

제29조 위원회가 행사할 권한(삭제됨)[106]

제30조 회사법 조항 통합법의 일부적용

이사들에 의한 계약과 절차 그리고 책임에 관한 1845년 회사법 조항 통합법 제97조 내지 제100조는 본 법에 적용되고, 이사들과 회사에 적용되는 것을 위원회와 협회에 대하여 적절한 변경을 통해 적용한다.

제31조 인장 등의 위조에 대한 처벌

특정인이 협회의 승인 또는 기타 법적인 이유 없이(증명책임은 그 자에게 있다) 협회가 보험인수사업을 영위하는 회원들을 나타내기 위해 사용하는 인장 및 표장 등을 위조 또는 변조하거나, 이러한 것을 포함하는 증서형식을 이용하거나 유포하는 경우, 그 자는 즉결심판에서 매 위반마다 20 파운드를 초과하지 않는 범위의 벌금에 해당하는 처벌을 받는다.

제32조 해상운송업 등에서 회원의 이익보호에 관한 규정(삭제됨)[107]

제33조 상선법에 의한 정보의 공개 등

1854년 상선법 제448조는 로이드 사무관이 로이드의 사무를 처리하기 위해 위원회의 사무관을 대신하는 것으로 취급하여 효력이 있다. 또한 협회의 사무관은 이에 명시된 방법으로 명시된 서류를 수집하고 공개하며, 그러한 목적을 위해 무역위원회 또는 그 지시에 의해서 발행되는 선박과 화물에 관련된 모든 정보를 수집하고 공개한다.

제34조 난파선의 인양 권한 등

협회는 적절하다고 판단하는 방법으로 본 법의 승인 이전 또는 이후에 난파, 침몰, 파괴, 유기되거나 외국 또는 본국의 해상, 해안, 해저에서 발견된 또는 복구된 재화의 발견, 인양, 보호, 복구 및 기타 처분을 돕거나 직접 할 수 있다.

제35조 Lutine호의 선체 인양

협회는 침몰된 Lutine호의 인양을 위해서 적절하다고 판단하는 모든 법적인 조치를 하거나 그러한 조치에 동참할 수 있으며, 적절하다고 판단하는 경우 인양으로 얻을 수 있는 금전적 이익을 위해서 이를 보관할 수 있다. 또한 무역위원회가 적절하다고 판단하는 경우 청구인에 대한 공시와 조사 및 재판 이후에, 협회가 준비하고 무역위원회의 권고와 국왕의 명령에 의한 계획에 따라서 총 25 파운드의 금액을 선박보험에 사용할 수 있다.

제36조 주식의 신탁(삭제됨)[108]

제37조 재산관리인에 대한 보상(삭제됨)[109]

제38조 개인적으로 책임 있는 재산관리인(삭제됨)[110]

제39조 다른 기관과의 연합 등[111]

협회는 선박과 보험에 관련된 목적으로 설립된 다른 협회, 기관 등과, 연합을 위하여 또는 재산, 자본, 권리, 책임, 인력 등의 교환이나 기타 목적을 위하여, 협정을 체결하여 그 효력을 유지할 수 있다. 그러나 당해 협정은 무역위원회의 권고에 여왕의 명에 의해 확정되기 이전에는 효력이 없으며, 본 법에 따라서 협회에게 주어지는 권한 등과 다른 권한을 가지는 경우에는 확정될 수 없다.

제40조 회원의 책임 등 유보[112]

본 법의 어느 것도 개별적인 보험인수에 있어서 협회 회원의 책임을 제한하거나 어떠한 방법으로도 협회 회원의 책임을 제한할 수 없으며, 협회 회원의 보험인수, 부채, 책임에 관하여 어떠한 방법으로도 다른 특정인에게 책임을 부과할 수 없다. 본 법의 어느 것도 협회 회원의 보험사업에 관한 것을 제외한 어느 사업에 대해서도 협회 혹은 위원회가 영향을 주거나 권한을 가질 수 없다.

제41조 침몰에 관련된 국왕, 무역위원회 등의 권리와 권한의 유보

본 법의 어느 것도, 국왕과 사령관 및 부사령관, 개인이나 회사, 무역위원회, 침몰선의 인양자 또는 1854년 상선법에 따른 기타의 사무관에게 주어진 권리, 권한, 명칭이나 그밖에 1854년 상선법이 규정한 침몰선과 관련하여 본 법이 승인되기 이전 혹은 이후에 난파, 침몰, 파괴, 유기되거나 외국 또는 본국의 해상, 해안, 해저에서 발견된 또는 복구된 재화의 소유자 등의 이익이나 권리 등을 소멸시키거나 축소하거나 불리하게 영향을 주지 못한다.

제42조 회원 자격박탈권의 유보

본 법의 어느 것도 본 법으로 설립된 협회가 하위규범이나 결의를 통해서 본 법의 승인 이전에 이루어진 회원의 어느 행위나 불이행을 이유로 회원자격을 박탈할 권리나 권한을 부여하지 않는다. 본 법의 승인으로 이루어진 협회가 그러한 권리나 권한을 보유하는 경우에도 이를 확장하지 못하며, 반대로 이를 소멸시키거나 축소할 수 없다. 다만 본 법이 승인되지 않았다면 협회가 보유하였을 그러한 권리나 권한은 동일한 사안에 대하여 같은 방법에 의하여 유지된다.

제43조 비 용

본 법을 승인하고 적용하며, 준비하는 과정에서 발생한 비용은 협회가 부담한다.

2. 1911년 로이드 법(Lloyd's Act 1911)

제1조 명 칭

제2조 정 의

제3조 목적의 확대

제4조 협회의 목적

제5조 1871년 법의 개정

제6조 재산관리인에 의한 협회로의 주식 이전

제7조 협회가 보유하는 주식 등의 목적

제8조 특정 목적을 위한 협회의 재산관리인으로서 활동(삭제됨)

제9조 보증과 관련된 협회의 권한

제10조 보증인 등의 부족을 해결하기 위한 권한(삭제됨)

제11조 해상운송업 등에서 회원의 이익보호에 관한 규정(삭제됨)

제12조 일시적으로 회원자격이 정지된 자에 대한 위원회의 권한
    (삭제됨)

제13조 1871년 법 제24조의 개정(삭제됨)

제14조 회원들에 대한 통지

제15조 비 용

제1조 명 칭

1911년 로이드 법과 1871년 로이드 법, 1888년 로이드 신호기 지법 그리고 본 법을 모두 1871년 내지 1911년 로이드 법이라고 부른다.

제2조 정 의

본 법에서 "위원회"라 함은 1871년 법에 의해 설치된 로이드 위원회를 의미한다.

제3조 목적의 확대

협회의 목적은 협회의 회원에 의한 보증업무와 1871년 법에 명시된 바와 그에 따라 수행되어야 하는 업무를 포함하여 모든 종류의 보험 업무를 수행하는 것으로 한다.

제4조 협회의 목적

1871년 법과 1888년 로이드 법의 제10조는 삭제하고, 다음의 규정으로 대체하여 효력을 가진다.

협회의 목적은 다음과 같다.

보증보험사업을 포함한 협회 회원에 의한 모든 보험인수사업의 수행

협회 회원으로 행하는 사업들과 선박, 화물 등 모든 보험인수가
능 대상 또는 이익에 관련된 협회 회원들의 이익증진과 보호

정보의 수집과 보급

협회의 목적을 충족하기 위한 모든 것들의 수행

제5조 1871년 법의 개정

1871년 법의 제20조, 제24조, 제31조, 제39조 그리고 제40조에
서 "해상"이라는 단어는 생략된 것으로 하고, "보험"이라는 단어는
보증업을 포함하는 것으로 한다.

제6조 재산관리인에 의한 협회로의 주식 이전

협회 주식은 본 법의 승인 후 6개월 이내에 당해 주식의 재산관
리인들에 의해서 협회로 이전되어야 하고, 재산관리인들은 협회의
요청에 따라서 그 이전에 필요한 모든 것들을 수행해야 하며, 이
전이 적절하게 이루어진 경우에 재산관리인의 임무가 종료된다.
1871년 법 제36조, 제37조 그리고 제38조는 삭제된다.

제7조 협회가 보유하는 주식 등의 목적[113]

협회는 협회의 자산과 자금 그리고 이에 따른 수익을 다음 목적
들의 전부 또는 일부를 위해서 보유한다.

a. 협회, 평의회 등이 1871년 내지 1982년 로이드 법을 시행하는 과정에서 지출한 비용 등을 지급하기 위한 목적

b. 협회의 목적을 추진하기 위한 목적

c. 로이드에서 인수된 보험계약에 관한 협회 회원의 불이행에 대하여, 그 이행이 협회 회원의 이익을 위한 것이라고 평의회가 판단하는 것을 이행하기 위한 목적

d. 평의회가 위와 같은 이유로 협회, 그 부속기구 또는 기타의 자와 관련된 채무를 보증하기 위한 목적

e. 기타 하위규범을 통하여 명시한 목적

그리고 이는 협회 회원들의 이익을 함께 추구하기 위한 것이다.

제8조 특정 목적을 위한 협회의 재산관리인으로서 활동(삭제됨)[114]

제9조 보증과 관련된 협회의 권한[115]

본 법 제7조의 규정에 관하여, 협회는 독자적으로 또는 다른 보증인(들)과 공동으로 로이드에서 인수된 보험계약에 대한 지급요청에 대해 보증할 수 있다. 협회는 이러한 목적을 위해서 계약을 체결할 수 있으며, 위의 보증이나 계약에 근거한 책임을 이행하기 위한 목적으로 협회의 자산과 자금 그리고 이에 따른 수익을 처분할 수 있다. 본 조에 따른 협회의 권한은 1982년 로이드 법에 근거한 하위규범에 합치하여 평의회가 행사한다.

제10조 보증인 등의 부족을 해결하기 위한 권한(삭제됨)[116]

제11조 해상운송업 등에서 회원의 이익보호에 관한 규정(삭제됨)[117]

제12조 일시적으로 회원자격이 정지된 자에 대한 위원회의 권한(삭제됨)[118]

제13조 1871년 법 제24조의 개정(삭제됨)[119]

제14조 회원들에 대한 통지

1871년 내지 1911년 로이드 법의 규정이나 그에 근거한 하위규범에 따른 총회소집의 통지와 기타의 협회 회원들에게 대한 통지는, 특별한 규정이 없는 한, 로이드 내의 사무실에서 동일한 게시물의 게시에 의하거나 기타 협회의 하위규범이 정하는 바에 따른다.

제15조 비 용

본 법을 승인하고 적용하기 위해 준비하는 과정에서 발생한 비용은 협회가 부담한다.

3. 1951년 로이드 법(Lloyd's Act 1951)

제1조 명 칭

제2조 해 석

제3조 협회의 차용권한

제4조 자금 권한에 대한 유보(삭제됨)

제5조 특정 목적을 위한 협회의 재산관리인으로서 활동

제6조 보증에 관한 협회의 권한의 확대

제7조 기타 로이드 법들에 대한 개정

제8조 비 용

제1조 명 칭

1. 본 법은 1951년 로이드 법이라고 한다.
2. 1871년 내지 1925년의 로이드 법들과 본 법은 모두 1871년 내지 1951년 로이드 법이라고 한다.

제2조 해 석

본 법에서 특별히 다른 규정이 없는 한,

'1871년 법'은 '1871년 로이드 법'을 의미하고,

'1911년 법'은 '1911년 로이드 법'을 의미하며,

'위원회'라 함은 1871년 법에 따라 설치된 로이드 위원회를 의미한다.

그리고 '협회'라 함은 1871년 법에 따라 로이드라는 이름으로 설립된 협회를 의미한다.

제3조 협회의 차용권한

1. 협회는 토지를 얻거나 협회가 관심이 있는 토지(특히 건물을 건설, 변경, 철거, 재건축, 실내장식, 가구비치, 장비설치, 유지, 보수하여 협회나 그 회원 또는 보험인수인 등이 이용하고자 하는 경우)를 개발하거나 얻기 위하여, 또는 기타 협회의 목적을 위해서 협회의 재산이나 그 이자를 담보로 금전을 차용할 수 있다.

2. 본 조에서 협회에 주어진 권한은 위원회를 통해서 행사된다.[120]

제4조 자금 권한에 대한 유보(삭제됨)[121]

제5조 특정 목적을 위한 협회의 재산관리인으로서 활동

1. 신탁증서, 담보 기타 서류에 대하여 협회가 독자적으로 또는 타인과 공동으로 재산관리인이 되는 것은 적법하다.[122]

2. 위에서 언급된 신탁증서, 담보 기타 서류에 대한 재산관리인(들)은 당해 신탁증서, 담보 기타 서류에 따른 자금을 협회에

게 이전할 수 있으며, 그러한 서류 등에 따라 그(들)에게 부
여된 그 밖의 이익 등을 이전할 수 있다. 위와 같은 이전행위
에 의해서, 협회는 기존의 재산관리인에게 부여되었던 것에
동일한 방식과 범위로 당해 신탁증서, 담보 기타 서류에 따른
자금과 그 밖의 모든 이익을 보유한다.

3. 1911년 법 제8조는 본 조에 의하여 삭제된다.

4. a. 위 제8조의 삭제에도 불구하고, 본 법의 승인 이전에 당해
조에 근거한 신탁증서, 담보 기타 서류는 그대로 유효하고
본 조가 삭제되지 않았을 경우와 동일하게 취급한다.

b. 본 항의 특별한 문제에 대한 규정은, 삭제의 효력에 관한
1889년 해석법 제38조(미래의 법률에 있어서 삭제의 효력)
의 일반적인 적용에 대해서는 영향을 주지 않는다.

제6조 보증에 관한 협회의 권한의 확대

1. 1911년 법 제9조(보증에 관한 협회의 권한)는 다음과 같은 개
정에 따라 효력을 갖는다.

(a) 1항의 다음 규정들은 삭제된다.

(i) 본 항에서 "협회의 회원"이라는 문구가 처음 등장하는 부
분부터의 내용
(ii) 단서 조항인 (A)와 (B)

(b) 3항은 다음의 규정으로 대체한다.

"3. 협회는 본 조에 따라 협회가 보증한 바를 거래위원회에 통보해야 하며, 위원회가 이에 관한 보다 상세한 정보를 요구하는 경우에는 이를 제공해야 한다."

2. 1911년 법의 부칙은 삭제된다.

제7조 기타 로이드 법들에 대한 개정

1. 1871년 법 제20조(기본적인 규정의 위반 등에 따른 회원자격의 박탈)에서, "1950년 중재법이나 당해 법규 일부의 개정 또는 한시적인 효력을 위한 재적용"이라는 부분은 "중재에 관한 1854년 보통법 절차의 규정법"이라는 부분을 대체한다.

2. 1911년 법 제10조(보증인 등의 부족을 대체하기 위한 주식자본의 적용 권한)에서 "그리고 1946년 보험회사법이나 당해 법규 일부의 개정 또는 한시적인 효력을 위한 재적용"이라는 부분들은 "1909년 보험회사법"이라는 부분들 다음에 추가한다.

제8조 비 용

본 법의 승인하고 적용하기 위해 준비하는 과정에서 발생한 비용은 협회가 부담한다.

4. 1982년 로이드 법(Lloyd's Act 1982)

제1조 명 칭

1. 본 법은 1982년 로이드 법이라고 한다.
2. 1871년 내지 1951년의 로이드 법들과 본 법은 전체적으로
   1871년 내지 1982년 로이드 법들이라고 한다.

제2조 해 석

1. 본 법에서 특별한 예외가 없는 한,

'1871년 법'과 '1911년 법'이란 각각 1871년 로이드 법과 1911
년 로이드 법을 의미한다.

'연회원'[123]이란 연회원으로 거래소의 출입이 허락된 자를 말한다.

'재심위원회'[124]는 본 법 제7조 제1항 b에 따라 설치되는 항소
위원회를 말한다.

'준회원'[125]이란 준회원으로 거래소의 출입이 허락된 자를 말한다.

'위원회'[126]는 본 법 제5조에서 의해 설치되는 위원회를 말한다.

'평의회'[127]는 본 법 제3조에 의해 설치되는 평의회를 말한다.

'위원장'[128]이란 그 명칭에 관계없이 위원장의 직책을 수행하는
모든 자를 포함한다.

'징계위원회'[129]란 본 법 제7조 제1항 a에 따라 설치되는 징계위

원회를 말한다.

'평의회의 비영업회원'130)이란 본 법 제3조 제2항 b에 의해 선출되는 평의회의 회원을 말한다.

'협회의 비영업회원'131)이란 협회의 영업회원132)이 아닌 회원을 말한다.

'로이드 중개인'133)이란 로이드에서 보험중개 업무를 하도록 평의회의 허가를 받은 동업관계 또는 회사를 말한다.

로이드 중개인 또는 보험인수대리인과 관련하여 '관리인'134)이란, 로이드 중개인 또는 보험인수대리인의 이사회나 이사회의 임원 또는 경우에 따라서는 동업자(들)의 직접적인 지배 아래에서 관리 업무를 수행하는 자를 말한다.

'협회의 회원'이란 협회로부터 회원자격을 취득하는 자를 말한다.

'평의회의 추천회원'135)이란, 본 법 제3조 제2항 c에 따라 임명되는 평의회의 회원을 말한다.

'비보험인수 회원'136)이란 보험인수 회원이 아닌 협회의 회원을 말한다.

회사와 관련하여, '관련회사'137)란 다음에 해당하는 회사를 말한다.

    a. 당해 회사에 종속되거나

    b. 당해 회사가 종속되거나

    c. 당해 회사의 지배회사에 종속되는 경우

그리고 '지배회사'[138]란 1948년 회사법 제154조에 따른 의미이며, 이는 영국외 국가의 법에 따라 설립된 회사에 대해서는 적절하게 변경하여 해석한다.

'거래소'[139]란 평의회에 의해서 보험인수의 목적으로 런던의 로이드 협회 건물 내에 설치된 공간을 의미한다.

'협회'[140]란 로이드라는 이름으로 1871년 법에 따라 구성된 조직을 말한다.

'특별결의'란 다음의 각각 모두에서 다수결로 통과된 평의회의 결의를 말한다.

a. 당시 평의회의 모든 영업회원과
b. 당시 평의회의 영업회원이 아닌 회원, 즉 평의회의 비영업회원과 추천회원

'종속회사'[141]란 1948년 회사법 제154조에 따른 의미이며, 이는 영국외 국가의 법에 따라 설립된 회사에 대해서는 적절하게 변경하여 해석한다.

'보험인수대리인'[142]이란 로이드에서 보험인수대리인으로 활동하도록 평의회로부터 허가를 받은 자를 말한다.

'보험인수 회원'[143]이란 협회로부터 보험인수 회원으로 인정된 자를 말한다.

'평의회의 영업회원'[144]이란 본 법 제3조 제2항 a에 따라 선출된

평의회의 회원을 의미한다.

'협회의 영업회원'145)이란 다음을 의미한다.

    a. 로이드 중개인 또는 보험인수대리인으로서 로이드 내에서 영업활동을 영위하는 협회의 회원

    b. 은퇴한 회원으로서 은퇴직전까지 위의 업무를 수행하던 자

2. (제10조, 제11조, 제12조를 제외하고) 본 법의 목적에 비추어,

    a. 특정인이 다음의 경우에 해당하면 동업관계 또는 회사를 감독하는 지위에 있는 것으로 본다.

    (i) 동업관계의 동업자나 회사의 대표 또는 당해 회사가 종속되는 다른 회사의 대표가(일반적으로는 각자의 전문가로서의 지식과 역량에 따라 행동하였을 것이지만, 그러하지 아니하고) 특정인의 지휘 또는 지시에 따르는 경우

    (ii) (1981년 보험회사법 제7조 제8항에서 규정한 바와 같이) 회사의 특정인 또는 특정집단이 당해 회사 또는 그 회사가 종속되는 다른 회사의 총회에서 3분의 1 이상의 투표권을 행사하거나 감독하도록 되어있는 경우

    b. 로이드 중개인이나 보험인수대리인이 회사 또는 동업관계를 감독하거나 그로부터 감독을 받는 경우, 또는 로이드 중개인이나 보험인수대리인을 감독하는 자가 그 회사 또는 는 동업관계를 소유하거나 감독하는 경우에, 그 동업관계나 회사는 로이드와 관계있는 것으로 본다.

제3조 평의회

1. 로이드 평의회를 설치한다.

2. 아래 제3항의 규정에 따라, 평의회는 다음과 같이 구성한다.

   a. 본 법 부칙 1에 근거하여 협회의 영업회원으로 등록된 자 중에서 선출된 16명의 평의회 영업회원

   b. 위 부칙에 근거하여 협회의 비영리영업회원으로 등록된 자 중에서 선출된 8명의 평의회 비영업회원

   c. 평의회가 특별결의를 통하여 추천하고, 영국은행146)장에 의하여 승인된 3명의 평의회 회원:

   다만, 협회 회원이거나 연회원 또는 준회원인 자를 평의회 회원으로 추천할 수는 없다.

3. 평의회는 하위법규에 의하여 회원 수를 조정할 수 있으며, 그 방법을 특정할 수 있다. 다만 평의회의 구성에 있어서 협회의 영업회원으로 선출할 수 있는 평의회의 영업회원은 전체 평의회 구성원의 3분의 2 이상을 넘지 못한다.

4. 평의회는 다음에 해당하는 협회의 영업회원을 각 선거에서 평의회 회원으로 선출할 수 있는 그 수를 하위규범을 통하여 정할 수 있다.

   a. 로이드와 관련된 회사나 동업관계에(동업자, 임원, 피고용자로서) 관련되거나(직접 또는 간접적으로) 이해관계를 가

지는 자, 그리고 본 항이나 아래에 따라 제정된 하위규범
의 목적에 비추어,

(i) 로이드와 관련된 동업관계 또는 그러한 동업관계의 동
업자(들)가 경영하는 회사는 위의 동업관계의 일부를 형
성한 것이라고 간주하며,

(ii) 로이드와 관련된 회사와 연결된 다른 회사는 그 회사
의 일부를 형성하는 것이라고 본다.

b. 평의회가 하위규범을 통하여 확정한 정도에 대하여, 로이
드에서 보험사업을 처리하고 보험인수가능액을 보유한 자

5. 본 조의 규정에 관련하여, 평의회는 하위규범을 통하여 다음
사항을 규제한다.

a. 평의회 구성을 위한 선거, 특히 각 선거에 있어서의 투표
방식
b. 각 선거에서 선출되는 평의회의 회원 수
c. 평의회 회원이 되기 위한 자격 또는 추천권
d. 평의회 회원의 임기
e. 위의 사항들과 관련되는 기타의 문제들
다만,

(i) 정당하게 선출되거나 임명되는 평의회 회원의 임기는
당해 회원의 임기동안에는 확장될 수 없다.

(ⅱ) 아래의 (ⅲ)에 관련하여, 평의회의 영업회원은 1년 이상
의 기간이 경과하기 이전에는 평의회의 영업회원으로
다시 선출될 수 없다.

(ⅲ) 로이드 회장 또는 각 부회장들은, 평의회가 각 구성원의
수에 관하여 새로운 결정을 하는 경우에, 1회에 한하여
연이어 재선될 수 있다.

제4조 로이드 회장 및 부회장

평의회는 매년 그 영업회원 중에서 ‘로이드 회장’[147]이라 부르는
회장을 선출하고 ‘로이드 부회장’[148]이라고 부르는 2인 이상의 부
회장들을 선출한다.

제5조 위원회

1. 로이드 위원회를 설치한다.
2. 평의회의 영업회원으로 위원회를 구성한다.
3. 위원회는 매년,

   a. 적절하다고 판단하는 경우, 평의회의 위원장 또는 위원회
   의 다른 자를 위원회의 위원장으로 선출하고,

   b. 적절하다고 판단하는 경우, 평의회의 부위원장 또는 위원
   회의 다른 2인 이상의 자를 위원회의 부위원장으로 선출
   한다.

제6조 평의회와 위원회의 권한

1. 평의회는 협회의 사무를 처리하고 감독하며 로이드에서의 보험사업을 규제 및 관리한다. 또한 협회의 모든 권한을 적법하게 행사할 수 있으며, 이러한 경우에는 1871년 내지 1982년 로이드 법의 규정과 이에 근거하여 제정된 하위규범들에 합치해야 한다.

2. 평의회는,

   a. 1871년 내지 1982년 로이드 법보다 나은 시행과 협회의 목적 달성을 증진하기 위하여 필요한 경우, 특히 본 법 부칙 2에서 특정된 목적의 일부 또는 전부를 위해서 하위규범의 제정이 적절하다고 판단하면 수시로 그러한 하위규범을 제정할 수 있다. 또한

   b. 위의 경우에는 이미 제정된 하위규범을 개정하거나 폐지할 수도 있다.

3. 본 법에 따르는 하위규범의 제정과 기존 하위규범의 개정 또는 폐지는 특별결의에 의한다.

4. a. 만일 하위규범의 시행 또는 그 개정이나 폐지 후 60일 이내, 혹은 평의회 결정에 따라서는 그 이상의 기간에도, 협회 회원 500인 이상의 서명으로 평의회에 대해 그 하위규범의 시행, 개정, 폐지에 관한 총회의 소집이 요청된 경우에 평의회는 그러한 목적을 위해서 총회를 소집해야 한다.

b. 만일 위 a의 사항을 위해 소집된 총회에서 당해 하위규범의 폐지, 개정 또는 폐지의 취소에 관하여 투표에 참가한 인원의 과반수 또는 위임에 의하는 경우에는 전체 총회구성원의 3분의 1 이상이 찬성하면, 당해 하위규범, 개정 또는 폐지의 내용은 폐지되거나 취소된다.

c. 위 b에 관한 결정은, 그 결정 이전에 이루어진 사항에 대해서 영향을 주지 않는다. 특히,

(i) 하위규범 또는 개정된 내용을 폐지하는 경우에, 그 하위규범이나 이미 개정된 내용이 적용된 것에는 효력이 없다.

(ii) 하위규범의 폐지를 취소하는 경우에, 그 하위규범의 효력은 취소결정이 이루어진 날로부터 다시 발생한다.

d. 평의회는 위 a에 관한 사항을 논의하기 위한 총회의 소집절차와 여기에서 이루어지는 투표방법 등에 관한 사항을 하위규범을 통해서 규율한다.

5. 본 조 제6항과 제10항에 관련하여, 본 법상 특별결의를 요하지 아니하는 평의회 권한의 행사는 평의회 특별결의를 통해서 다음과 같은 특정인(들)에게 위임할 수 있다.

a. 로이드 회장

b. 로이드 부회장

c. 위원회

d. 위원회 위원장

e. 위원회 부위원장

6. 평의회는 특별결의를 통해서,

   a. 다음을 제외하고 기타 사항을 위원회에 위임할 수 있다.

      (i) 로이드의 보험사업에 관한 규제

      (ⅱ) 법규나 기타 규제사항이 이러한 위임을 특별히 금지하지 않는 한 본 법이 시행되는 날에 위의 법규, 규범, 문서나 조치가 효력을 발생하는가 여부와 관계없이, 법규에 명시된 규정에 의하거나 규범, 문서, 조치 등의 효력발생 등으로 인하여 평의회에 부여된 의무, 책임, 권리, 권한 또는 재량의 행사

   b. 협회 회원, 로이드 중개인, 보험인수대리인, 로이드 중개인 혹은 보험인수대리인의 경영자나 동업자 또는 기타 평의회가 자격을 규정하여 로이드 중개인이나 보험인수대리인 등을 위해 일하는 자에 대하여, 로이드에서의 보험사업에 관하여 감독하는 것을 제외하고는 기타 사항을 위원회, 위원회 위원장 또는 위원회 부위원장에게 위임할 수 있다. (그러한 지시사항이 1871년 내지 1982년 로이드 법의 규정이나 그에 따라 제정된 하위규범 또는 위 a의 (i)에 명시된 사항 등에 따라 요구되거나 금지되는가의 여부는 관계없다)

7. 위 제5항 내지 제6항은 개인, 여러 하위 위원회나 회의 또는 협회 회원이 아닌 자를 그 구성원으로 포함하는 단체, 기타

협회의 피고용인에 대한 평의회 또는 위원회의 권한을 제한하
지 않는다.

8. a. 위 제6항에 근거하여 위임된 권한을 행사하여 규제조치를
   취하는 위원회는 그 규제내용을 7일 이내에 평의회에 통
   보하여야 하며, 또한 평의회 구성원은 그러한 규제내용을
   60일 이내에 서면으로 통보하여 평의회의 특별결의에 의
   한 승인을 요청할 수 있다. 다만 아래 b의 규정에 해당하
   는 경우에는, 당해 규제가 유효하고 이에 따라 시행된 어
   느 것도 무효화되지는 않다.
   b. 만일 위 a에 따라 요청된 평의회의 결의를 위한 투표에서
   당해 요청이 승인되지 못한 경우, 그러한 규제요청이 평의
   회에 통보된 후 60일 이내에 투표가 이루어지지 아니하고
   당해 규제의 효력기간이 소멸하는 때에 그 효력을 상실한다.
   c. 평의회의 특별결의로 승인된 위와 같은 규제내용은, 위 제
   4항의 목적에 비추어 평의회가 위 제2항에 따른 권한을
   행사하여 하위규범을 제정한 것이라고 본다.

9. 위 제6항의 b에 따른 권한의 행사로써 위원회의 위원장 또는
   부위원장이 행한 지시는 위원회가 이를 계속하지 않는 한 7
   일이 경과하면 효력이 없다.

10. 본 조에 따른 조치는 평의회의 특별결의로 취소할 수 있으
   며, 평의회가 자체의 권한을 행사하거나 기능을 수행하는 것
   을 제한하지 않는다.

11. 평의회 또는 위원회에 어떠한 조치나 절차도 다음의 경우에
    해당하는 이유만으로 무효로 되지는 않는다.

    a. 그 조치나 절차가 취해진 당시에 평의회 또는 위원회의
       구성원이 공석인 경우, 혹은
    b. 평의회 또는 위원회의 구성을 위한 선거나 임명에 흠이
       있는 경우

제7조 징계위원회와 재심위원회

1. 평의회는 하위규범을 통하여,

    a. (i) 그 구성원의 다수가 협회 회원(평의회 회원이어야 할
       필요는 없다)임을 전제로 징계위원회(들)의 권한과 구
       성을 규정하여 이를 설치한다. 그리고

    (ii) 아래 제3항에 따라서 협회의 목적을 증진하기 위해
       징계절차가 마련될 근거, 그리고 협회구성원, 연회원,
       로이드 중개인, 보험인수대리인 또는 기타 특정되는
       자에 대해 부과될 벌금 또는 징계에 관한 기본사항을
       명시한다.

    b. (i) (그 징계 권한과 기능의 행사여부와 관계없이) 항소에
       대한 신문과 결정을 하는 재심위원회의 권한과 구성을
       규정하여 이를 설치하며, 평의회가 임명하는 재심위원회
       의 위원장과 부위원장은 협회의 구성원이 될 수 없다.

(ⅱ) 당해 재심위원회에 항소할 수 있는 근거가 되는 결
정, 조사, 명령, 실행 또는 기타 흠결 등의 종류를 명
시한다.

2. 징계위원회 또는 재심위원회가 부과하는 벌금 또는 징계에
관한 확정, 변경, 허가의 권한을 제외하고, 평의회의 모든 징
계권한과 기능은 징계위원회를 통해서만 행사되며, 징계위원
회의 결정, 조사, 명령, 실행 또는 기타 흠결에 대한 항소에
대한 문제는 재심위원회에서만 처리된다.

3. 다음의 경우를 제외하고 위 제1항에 의하여 제정된 하위규범
에 따라 마련되는 징계절차 또는 부과될 벌금이나 제재의 근
거는, 본 법 제6조(평의회와 위원회의 권한) 제6항에 의한 규
제 또는 감독에 대한 위반행위를 포함할 수 있다.

a. 제6조 제8항에 특정된 상황에서 그 효력이 소멸된 위원회
의 규제를 준수하지 못한 것에 대해서는 벌금을 부과하거
나 징계를 하지 못한다.

b. 위원회의 승인을 얻지 못한 위원회 위원장 또는 부위원장
의 지시를 준수하지 못한 것에 대해서는 벌금을 부과하거
나 또는 징계를 하지 못한다.

c. 지시가 내려진 대상자와 관련된 자는, 평의회에 대한 서면
통보를 통하여 가능한 빠른 시일 내에 특별결의에 의하여
평의회의 승인여부를 요청할 수 있으며, 당해 승인의 흠결
에 대해서는 승인의 미결정이 유효하고 아무것도 무효화

되지 않는 것을 전제로 하여 벌금을 부과하거나 또는 징
계를 할 수 없다.

4. a. 징계위원회 또는 재심위원회의 모든 절차에 관하여 징계위
   원회 또는 재심위원회는 선서를 실시할 수 있다. 또한 징
   계 또는 재심절차의 당사자는 증인의 소환을 요청할 수 있
   으나, 일반 재판절차에서 강요할 수 없는 어떠한 증거도
   그 소환을 통해서 제출하기를 강요할 수 없다.

   b. (영국 전역에 적용되는 소환장의 발부에 관한 특별절차를
   명시한) 1981년 대법원법 제36조 규정이 고등법원의 재판
   과 관련하여 적용되는 것처럼, 이를 징계위원회 또는 재심
   위원회의 절차에도 적용한다.

5. 본 법에 의해서 징계절차가 적용되는 협회 회원이 아닌 자는,
   1952년 명예훼손법 부칙 제2장 8의 목적에 비추어, 협회의
   규제를 받는 것으로 합의한 자로 간주한다.

제8조 보험사업

1. 각 보험인수 회원은 스스로의 책임부분만을 부담하면서 보험
   을 인수하는 경우에만 로이드의 보험인수계약을 체결하는 당
   사자가 되며, 그러한 책임은 각 보험인수 회원 자신만을 위한
   것이어야 한다.

2. (보험인수대리인이 아닌) 보험인수 회원은 보험인수대리인을

통해서만 로이드의 보험계약을 인수해야 한다.

3. 보험인수 회원은 자신의 로이드 보험인수사업을 로이드 중개인 또는 기타 평의회가 하위규범에 의해서 승인하는 자를 통해서만 영위해야 한다.

4. 위 제1항 내지 제3항의 위반은 본 법 제7조(징계위원회와 재심위원회)에 따라 제정된 하위규범이 규정하는 징계절차가 필요한 행위 또는 위반이 된다.

제9조 파산에 따른 회원자격의 정지

협회의 회원이 파산 판결을 받는 경우, 평의회는 즉시 유럽공동체 회원국의 적법절차에 따라서 그의 회원자격이 정지되는 것으로 공시해야 한다. 그러한 파산 판결이 무효가 되는 등의 경우, 평의회는 즉시 그러한 공시를 최소해야 한다.

제10조 로이드 중개인에 대한 제한

1. 본 조 제3항과 제4항의 규정들을 제외하고, 평의회는 관리대리인 또는 관리대리인과 관계된 자를 로이드 중개인으로 활동하도록 승인하지 못한다.

2. 본 조의 목적에 비추어, 특정인이 관리대리인과 동업관계에 있거나 본 법 제12조(제10조와 제11조의 해석) 제1항의 h와

관련하여 이해관계를 가지는 경우, 또는 관리대리인에게 정기적이거나 자주 개인적인 서비스를 제공하는 경우, 그 자는 관리대리인과 관계가 있는 것으로 본다.

3. 본 법이 시행되는 때에 로이드 중개인이 관리대리인과 관계가 있는 경우, 그로부터 5년 동안 그러한 관계를 이유로 해당 로이드 중개인에 대하여 위 제1항을 적용하지 않는다. 다만, 위 5년의 기간 내에(그러한 관계의 종료로 인한 변화를 제외하고) 그 로이드 중개인의 관계에 변화가 생겼다면, 평의회는 본 조의 목적에 비추어 변화가 있다고 결정하고, 위 제1항을 그 로이드 중개인에 적용한다.

4. 본 법의 시행 이후에 로이드 중개인이 관리대리인과 관계되는 경우, 평의회는 6개월 이하의 기간 내에 관리대리인과의 관계 또는 로이드 중개인으로서의 지위를 종료할 것을 조건으로 로이드에서 보험중개업무를 계속하는 것을 승인할 수 있다. 다만 평의회가 적절한 평가절차를 거쳐서 6개월 이상의 기간이 필요하다고 판단하는 특별한 경우에 한해서, 평의회는 그 기간 동안만 해당 관계를 지속하도록 승인할 수 있다.

제11조 관리대리인에 대한 제한

1. 본 조 제3항과 제4항의 규정들을 제외하고, 평의회는 로이드 중개인 또는 로이드 중개인과 관계된 자를 관리대리인으로 활동하도록 승인하지 못한다.

2. 본 조의 목적에 비추어, 로이드 중개인과 동업관계에 있거나 본 법 제12조(제10조와 제11조의 해석) 제1항의 h와 관련하여 이해관계를 가지는 동업관계나 회사는 로이드 중개인과 관계가 있는 것으로 본다.

3. 본 조의 목적에 비추어, 개인이 로이드 중개인의 동업자이거나 감독자인 경우, 또는 본 법 제12조 제1항의 h와 관련하여 로이드 중개인이 이해관계를 가지는 경우, 그 자는 로이드 중개인과 관계가 있는 것으로 본다.

4. 본 법이 시행되는 때에 관리대리인이 로이드 중개인과 관계가 있는 경우, 그로부터 5년 동안 그러한 관계를 이유로 해당 관리대리인에 대하여 위 제1항을 적용하지 않는다. 다만 위 5년의 기간 내에(그러한 관계의 종료로 인한 변화를 제외하고) 그 관리대리인의 관계에 변화가 생겼다면, 평의회는 본 조의 목적에 비추어 평의회가 변화가 있다고 결정하고, 위 제1항을 그 관리대리인에 적용한다.

5. 본 법의 시행 이후에 관리대리인이 로이드 중개인과 관계되는 경우, 평의회는 6개월 이하의 기간 내에 로이드 중개인과의 관계 또는 관리대리인으로서의 지위를 종료할 것을 조건으로 로이드에서 보험중개업무를 계속하는 것을 승인할 수 있다. 다만 평의회가 적절한 평가절차를 거쳐서 6개월 이상의 기간이 필요하다고 판단하는 특별한 경우에 한해서, 평의회는 그 기간 동안만 해당 관계를 지속하도록 승인할 수 있다.

제12조 제10조와 제11조의 해석

1. 본 법 제10조(로이드 중개인에 대한 제한)와 제11조(관리대리인에 대한 제한)의 목적에 비추어,

   a. '관리대리인'[149)]이란 영업회원을 위해 다음의 기능을 수행하도록 보험인수대리인으로서 평의회로부터 영업허가를 받은 자를 말한다.

      (i) 로이드에서의 보험계약의 인수

      (ii) 보험계약의 전부 또는 일부에 대한 재보험

      (iii) 그러한 보험에 관한 배상금 지불

또한, '관리대리인'이라 함은 다음을 포함한다.

(A) 관리대리인이 회사인 경우, 관리대리인의 모회사 또는 관리대리인이나 그 모회사를 경영하는 자

(B) 관리대리인이 동업관계인 경우, 동업관계의 모든 동업자 그리고 그러한 동업관계나 동업자를 경영하는 자

   b. 본 법 제2조 제1항의 의미에 대하여, '로이드 중개인'이라 함은 다음을 포함한다.

      (i) 관리대리인이 회사인 경우, 모회사 또는 관리대리인이나 그 모회사를 통제하는 자

      (ii) 관리대리인이 동업관계인 경우, 동업관계의 모든 동업자 그리고 그러한 동업관계나 동업자를 통제하는 자

c. 회사에 적용되는 의미에서 '그 자'라 함은, 당해 회사에 더하여 다음을 포함한다.

(i) 관련회사

(ii) 당해 회사 또는 관련회사를 경영하는 자 또는 그 회사가 경영을 하는 자

(iii) 당해 회사 또는 관련회사의 감독자

d. 동업관계에 적용되는 의미에서 '그 자'라 함은, 당해 동업관계에 더하여 다음을 포함한다.

(i) 당해 동업관계의 동업자

(ii) 당해 동업관계를 감독하는 자 또는 그 동업관계가 감독하는 자

(iii) 당해 동업관계의 동업자가 경영하는 회사

(iv) 당해 동업관계의 동업자가 관련된 회사

(v) 본 항의 위 (ii) 또는 (iv)에 해당하는 회사의 경영자

e. '개인'[150)]이라 함은 당해 개인 이외에도 다음을 포함한다.

(i) 그 개인의 배우자

(ii) 그 개인의 미성년인 친자 또는 양자

(iii) 그 개인이 재산양도인인 경우 그 목적물의 양수인

(iv) 그 개인이나 배우자 또는 미성년인 친자나 양자가 양도의 이해관계인인 경우 그 목적물의 양수인

(v) 그 개인이나 위 (i) 내지 (iv)에 해당하는 자가 경영하는

회사

다만 그 개인의 배우자가 로이드 중개인 또는 관리대리인을 위해 실질적으로 고용되어 일하거나 그러한 예정인 경우에 있어서, 평의회는 본 e의 적용을 배제하도록 결정할 수 있다.

    f. 위 e의 규정은 감독자 또는 동업자가 개인인 경우에도 필요에 따라서 준용한다.

    g. 아래 h의 규정에 관하여, 회사의 주식, 사채 또는 기타 유가증권에 이해관계를 가지거나 이러한 것들에 관한 양도의 양수인이 되어 이해관계를 가지는 자는 그 회사에 대해 이해관계를 가진다.

    h. 특정인이 어느 회사의 채권, 주식 또는 유가증권 등을 명목상 5할 미만으로 소유하고 있는 경우, 그것이 증권거래소나 기타 시장에서 거래될 수 있고 실제로 정기적으로 또는 가끔씩 거래되는 것이라고 하여, 그 자가 당해 회사에 이해관계가 있는 것으로 취급하지 않는다. 본 h를 적용하는 사례를 확정함에 있어서,

    (i) 회사의 경우, 관련회사가 가지는 채권, 주식 또는 유가증권, 혹은 당해 회사를 경영하거나 지배하는 다른 회사나 그 회사의 관련회사가 이해관계를 가지는 채권, 주식 또는 유가증권에 대해서 이해관계를 가지는 것으로 취급한다.

    (ii) 동업관계의 경우, 위 d의 (i) 내지 (iv)에 명시된 자가

이해관계를 가지는 채권, 주식 또는 유가증권에 대해
서 이해관계를 가지는 것으로 취급한다.

(iii) 경영자 또는 동업자인 개인의 경우, 위 e에 해당하는
자가 이해관계를 가지는 채권, 주식 또는 유가증권에
대해서 이해관계를 가지는 것으로 취급한다.

i. 위 a에서 언급된 기능을 개인적으로 수행하는 자는 관리대
리인을 위해 일하는 것이다.

2. 위 제1항의 목적에 따라서

a. 회사와 관련하여 '유가증권'이라 함은 모든 사채, 담보사
채, 대주 또는 채권 기타 회사의 담보를 목적으로 만들어
진 영업의 결과에 따라 그 액수가 달라지는 것들이나 그
러한 목적으로 상업적인 상환액 이상의 것이 기대될 수
있는 것들을 말한다.

b. '양도'와 '양도인'은 1970년 수입과 기업세금에 관한 법
제454조 제3항의 의미와 같다.

c. 다음의 경우에는 특정인이 동업관계 또는 회사를 경영하는
것이다.

(i) 동업관계의 동업자, 회사의 경영자 또는 자회사의 경영
자가 그의 지시나 감독에 따르는 것이 일반적인 경우,
혹은 다른 사람의 지시나 감독과 함께 그의 지시나 감
독에 따르거나 그러한 상황이 일반적인 경우 또는

(ii) 회사의 경우에 단독으로 혹은 다른 관련자와 함께 당

해 회사의 총회 또는 모회사의 총회에서 투표권의 3분의 1 이상을 행사할 권한이 있거나 이를 통제할 수 있는 경우, 또는 그 자가 다음의 의미와 같은 관련자를 가지는 경우

(A) 개인과 관련하여 '관련자'라 함은 위 제1항의 e에서 언급된 것을 의미하고,

(B) 회사와 관련하여 '관련자'라 함은 당해 회사와 관련된 다른 회사, 그리고 당해 회사 또는 관련회사의 경영자를 의미한다.

  d. 위 제1항 a의 (A)와 (B) 그리고 b의 (i)와 (ⅱ)의 목적으로 회사를 경영하는 자인가를 판단함에 있어서, 본 항 c의 (ⅱ)에서 '또는 그러한 자가 관련자를 가진다.'라는 부분은 특정인 또는 그의 보조자가 회사에서 이해관계를 가지지 않는 한 그를 관련되는 자라고 보기 위해서 적용하지는 않는다.

3. 본 조에서 본 법 제10조와 제11조는 영국 외에서 제정된 법규에 따라 설립된 동업관계, 회사 또는 기타 단체에 대하여 필요한 경우에 따라 변형하여 적용하고 해석한다.

제13조 1948년 회사법 일부 규정들의 적용

1. 1948년 회사법 제34조, 제36조 그리고 제448조(외국에서 발행된 증서의 집행, 서류의 인증 그리고 회사의 사무원과 감사

의 책임 경감)는 본 법에서 본 조를 통해서 준용하고, 협회, 평의회, 위원회 그리고 협회의 사무원과 감사에 대하여는 (1948년 회사법에서 정의한대로) 회사, 사무원, 감사에 적용하는 것을 필요한 변경을 가하여 적용한다.

2. 본 법의 목적에 비추어, 평의회의 회원 그리고 본 법에 따라서 일정한 권한 또는 기능이 주어지는 자를 협회의 사무원으로 본다.

제14조 협회의 책임과 기타 사항

1. 본 조는 로이드 협회 회원[151)]에 관련되는 재판에 있어서 손해배상책임으로부터 협회만을 배제할 뿐이다.

2. 본 조의 목적에 비추어, 로이드 협회의 회원은 다음과 같다.

a. 다음에 해당하는 자

(i) 협회 회원

(ii) 로이드중개인

(iii) 보험인수대리인

(iv) 연회원

(v) 준회원

(vi) 로이드 중개인 또는 보험인수대리인의 경영자 또는 동업자

(vii) 지배인으로서 로이드중개인 또는 보험인수대리인을 위해 일하는 자

b. 위 a에 나열된 것 중 하나 이상에 해당하여 로이드 협회의 회원이었던 자

c. 위 a에 나열된 것 중 하나 이상에 해당하여 로이드 협회의 회원이 되기를 추구하고 있거나 그리하였던 자

3. 본 조 제1항, 제4항 그리고 제5항에 따라서, 협회는 과실이나 불법행위, 의무의 위반 또는 그밖에 특정 권한의 행사나 행사의 위반 등에 관련하여 1871년 내지 1982년 로이드 법이나 하위규범 혹은 다음의 규제에 의해 부과되는 의무나 기능의 위반행위에 따른 손해에 대해서는 책임이 없다.

   a. 협회 회원의 보험인수영업행위나 회원자격에 따른 비용 또는 로이드중개인이나 보험인수대리인으로서 하는 영업행위와 관련된 사항, 또는

   b. 협회 회원 자격에 대한 허가 또는 불허, 지속, 정지나 제외 등에 관련된 사항, 또는

   c. 로이드 중개인이나 보험인수대리인 또는 이와 관련된 기타의 영업행위에 대한 허가, 지속, 정지, 허가의 무효나 취소 등에 관련된 사항, 또는

   d. 징계권과 의무 등의 행사 또는 그 위반행위에 관련된 사항, 또는

   e. 본 법 부칙 2의 21, 22, 23, 24, 25를 실행하기 위해 제정된 하위규범에 따른 권한, 기능 또는 의무의 행사나 위반행위에 관련된 사항

다만, 그 행위 또는 위반행위가 다음에 해당하는 경우는 제외한다.

(i) 악의적인 행위나 위반행위, 또는

(ii) 협회의 고용인이 자신의 일상적인 업무를 수행하는 과정
에서 발생한, 즉 어떠한 재량권의 행사와도 관련되지 않
는 행위

4. 본 조의 어느 것도 개인의 사망이나 상해와 관련된 협회의
책임에는 영향을 주지 않는다. 본 조의 목적에 비추어 '개인
의 상해'라 함은 신체적 부상, 질병 기타 개인의 신체적 또는
정신적 상태의 손상을 의미한다.

5. 본 조의 어느 것도 명예훼손이나 모욕과 관련된 협회의 책임
을 배제하지 못한다.

6. 본 조의 목적에 비추어, '협회'라 함은 협회 자체, 협회의 사
무원과 피고용자 그리고 1871년 내지 1982년 로이드 법에 따
라 권한이나 기능이 부여되거나 위임된 자를 말한다.

제15조 폐지와 개정

1. 본 법 부칙 4의 규정들에 따라서,

   a. 본 법 부칙 3에서 명시된 조항들은 당해 부칙에서 명시된
   범위만큼 무효로 한다.

   b. 1911년 로이드 법 제7조(협회가 보유하는 주식 등의 목적)
   는 다음 조항으로 대체한다.

"협회는 협회의 자산과 자금 그리고 이에 따른 수익을 다음 목적들의 전부 또는 일부를 위해서 보유한다.

  a. 협회, 평의회 등이 1871년 내지 1982년 로이드 법을 시행하는 과정에서 지출한 비용 등을 지급하기 위한 목적

  b. 협회의 목적을 추진하기 위한 목적

  c. 로이드에서 인수된 보험계약에 관한 협회 회원의 불이행에 대하여, 그 이행이 협회 회원의 이익을 위한 것이라고 평의회가 판단하는 것을 이행하기 위한 목적

  d. 평의회가 위와 같은 이유로 협회, 그 부속기구 또는 기타의 자와 관련된 채무를 보증하기 위한 목적

  e. 기타 하위규범을 통하여 명시한 목적

그리고 이는 협회 회원들의 이익을 함께 추구하기 위한 것이다."

c. 1911년 로이드 법 제9조(보증과 관련된 협회의 권한)는 다음 조항으로 대체한다.

"본 법 제7조의 규정에 관하여, 협회는 독자적으로 또는 다른 보증인(들)과 공동으로 로이드에서 인수된 보험계약에 대한 지급요청에 대해 보증할 수 있다. 협회는 이러한 목적을 위해서 계약을 체결할 수 있으며, 위의 보증이나 계약에 근거한 책임을 이행하기 위한 목적으로 협회의 자산과 자금 그리고 이에 따른 수익을 처분할 수 있다. 본 조에 따른 협회의 권한은 1982년 로이드 법에 근거한 하위규범에 합치하여 평의회가 행사한다."

d. 1951년 로이드 법 제5조 제1항(협회는 특정목적을 위해서 재산관리인으로 활동할 수 있다)에서, "로이드 내에서 협회의 회원 또는 연회원이 수행하는 보험사업과 관련되는"이라는 부분은 삭제한다.

2. 본 법의 규정들에 관하여,

a. 법률의 효력이 있는 본 법의 조항이 아닌 규범이나 증서, 그리고

b. 기타 문서 또는 협정 등이,

본 법 부칙 4의 7에 따른 평의회의 최초 회의 이전에 존재하고, 협회 회원, 로이드 중개인 또는 보험인수대리인이 행한 협회나 보험사업과 관련된 것들이면 당해 회의에서 그리고 그 이후에 효력을 가지며, 다음과 같이 적절하게 변경하여 해석한다.

(i) 1871년 로이드 법에 따라 설치된 로이드 위원회는 평의회라는 문구로 대체하고,

(ii) 위원회의 위원장이나 부위원장은 평의회의 위원장이나 부위원장이라는 문구로 대체한다.

다만 본 법에 의하여 평의회에 위임된 권한이나 그 권한의 행사와 관련을 가지면서 규정 내용이 요구하는 경우에는 위 문구를 본 법에 따라 설치된 로이드 위원회 또는 위원회의 위원장 또는 부위원장에 관한 것으로 본다.

제16조 현존하는 하위규범의 효력

1871년 내지 1951년 로이드 법에 따라 제정된 하위규범은 본 법에 따른 권한의 행사로 평의회가 제정한 것으로 본다. 본 법 부칙 4의 규정에 관련하여, 하위규범들은 위에서 언급한 바와 같이 평의회의 권한 행사로 취소되지 않는 한 효력이 있다.

제17조 경과규정

본 법 부칙 4에 포함된 경과규정들은 효력이 있다.

제18조 비 용

본 법을 준비, 제정하고 적용하는 과정에서 발생한 비용과 지출은 협회가 지급한다.

Ⅱ. 금융서비스 시장법 중 로이드 관련 규정

제19장 로이드

일반규정

제314조 감독청[152]의 일반적 의무

1. 감독청은 다음의 사항을 파악하여야 한다.
   a. 로이드 평의회가 시장을 규제 및 감독하는 방법
   b. 본 시장에서 본 법의 규제대상행위[153]가 수행되는 방법

2. 감독청은 다음 사항의 권한을 행사하는 것을 검토하여야 한다.
   a. 본 장에 따른 모든 권한
   b. 본 법 제315조에 근거한 로이드 협회와 관련된 권한

로이드협회

제315조 협회: 권한의 부여 및 허가

1. 협회는 권한이 부여된 자[154]이다.
2. 본 법은, 협회가 다음 종류의 규제대상행위를 수행하는 것을 허가[155]한다.
   a. 로이드 시장 내에서의 보험인수(기본적인 시장행위)를 주선

b. 로이드 보험인수단(Syndicates)에 대한 참여(부차적인 시장
   행위)를 주선

c. 기본적 또는 부차적인 시장행위와 관련되거나 이를 목적으
   로 하는 행위

3. 본 법 제4장의 목적에 따라, 협회의 허가는 제4장에 따른 허
   가가 협회에 부여된 것으로 간주한다.

4. 본 법 제45조에 의하여 감독청에 부여된 권한[156]은 협회의
   허가가 발효되는 시점부터 행사될 수 있다.

5. 협회는, 회사등록과 관련하여 본 법에서 제시한 요건의 대상
   이 되지 않는다.

로이드 보험인수에 대하여 본 법을 적용할 권한

제316조 감독청의 규제

1. 일반적 금지사항[157] 또는 (본 장에 따라 일반적 금지사항이
   적용되지 않는 경우) 핵심규정[158]은, 감독청이 규제하는 바에
   한하여 다음에 의한 보험시장행위에 적용된다.

   a. 협회구성원의 행위

   b. 협회구성원들의 공동행위

2. 핵심규정이 적용되는 위 제1항에 의한 규제는, 본 장에서 ‘보
   험시장규제’라고 한다.

3. 위 제1항에서,

'핵심규정'이란, 본 법 제317조에 명시되는 규정을 의미한다.

'보험시장행위'란, 로이드에서 인수되는 보험계약과 관련된 규제대상행위를 의미한다.

4. 위 제1항에 따른 규제를 할 것인가의 여부를 결정함에 있어서, 감독청은 특별히 다음의 사항을 고려해야 한다.

    a. 보험계약자 및 잠재적 보험계약자의 이익

    b. 다른 EEA[159] 국가들의 법률에 따른 다음과 같은 의무를 협회가 충족하지 못하는 상황

      i) 보험규제에 영향을 주는 것

      ii) 본 조가 적용되는 자가 해당국가 내에서 수행하는 행위에 적용될 수 있는 것

    c. 제315조에 따라 협회와 관련하여 감독청이 가지는 기능의 효과적인 수행을 위한 필요성

5. 위 제1항에 따른 규제는 서면으로 이루어져야 한다.

6. 일반적 금지사항에 적용하는 위 제1항에 따른 규제는 대상자에 따라 다르게 적용될 수 있다.

7. 보험시장규제는,

    a. 그 적용대상이 되는 행위의 종류와 대상자, 각각의 핵심규정들을 명시하여야 한다.

    b. 행위의 종류와 대상자에 따라 다른 규정들을 적용할 수 있다.

8. 위 제1항에 따른 규제는 서면에 특정된 날로부터 효력이 있
   으며, 특정된 날짜 이전에는 발효될 수 없다.

9. 위 제1항에 따른 규제는 감독청이 가장 적합하다고 판단하는
   방법을 통해서 공표되어야 한다.

10. 감독청은 규제내용을 제공하면서 적절한 요금을 부과할 수
    있다.

11. 감독청은 본 조에 따른 규제내용을 즉시 재무부에 제출하여
    야 한다.

제317조 핵심규정들

1. 핵심규정은 본 법 제5장, 제10장, 제11장, 제12장, 제14장, 제
   15장, 제16장, 제22장, 제24장, 그리고 제26장의 제384조 내
   지 제386조를 말한다.

2. 권한이 부여된 자에 대한 핵심규정의 적용에 있어서, 필요한
   경우, 보험시장규제가 적용되는 사항은 대상자에게 전체적으
   로 통보되어야 한다.

3. 보험시장규제는, 적용대상자에 따라서 핵심규정의 적절한 변
   경을 통한 적용이 가능하다.

1. 감독청은 평의회나(평의회를 통해서 활동하는) 협회, 또는 양자 모두를 통해서 본 조에 따른 규제를 할 수 있다.

2. 위 제1항에 대한 규제는 다음과 같은 사항들에 관한 것이다.
   a. 특정 목적을 달성하거나 지원하기 위한 일반적인 권한의 행사
   b. 특정 목적을 달성하거나 지원하기 위한, 방법이 구체화되는 특정 권한의 행사

3. '특정'이란 규제에 있어서의 '특정'을 말한다.

4. 위 제1항에 따른 규제는,
   a. 제316조 제1항에 따른 규제 대신 할 수 있으며,
   b. 감독청이 필요하다고 판단하는 경우에, 그러한 규제행위와 동시에 할 수 있다.

5. 위 제1항에 따른 규제는, 보험인수 대리인이 제316조 제1항에 언급된 자에 포함되는 경우에 이들에 대해서도 할 수 있다.

6. 본 조의 규제는,
   a. 감독청의 권한으로 행사되는 규제를 방해하지 못하고,
   b. 서면을 통해 이루어져야 한다.

7. 위 제1항에 따른 규제는 감독청이 가장 적합하다고 판단하는 방법을 통해서 공표되어야 한다.

8. 감독청은 규제내용을 제공하면서 적절한 요금을 부과할 수
   있다.

9. 감독청은 본 조에 따른 규제내용을 즉시 재무부에 제출하여
   야 한다.

제319조 협 의

1. 제316조 또는 재318조에 따른 규제를 하기 이전에, 감독청은
   해당 규정안을 공표해야 한다.

2. 공표될 규제안은 다음 사항을 첨부한다.
   a. 비용이익분석
   b. 일정기간 내에 감독청에 대해서 규제안에 관한 의견진술
      이 가능하다는 사실의 통지

3. 규제안의 실행 이전에, 감독청은 위 제2항 b에 합치하는 의견
   진술 내용을 고려해야 한다.

4. 감독청이 규제안을 실행한다면, 일반적으로 다음의 사항이 공
   표되어야 한다.
   a. 위 제2항 b에 합치하는 의견진술 내용
   b. 그에 대한 회신내용

5. 위 제1항에 따른 공표된 규제안과 실제 규제내용이 명백히
   다르다고 감독청이 판단하는 경우에는,

a. 감독청은(위 제4항에 합치하는 내용에 더하여) 그 차이점을 상세히 공표해야 하며,

b. 그러한 내용들은 비용이익분석이 첨부되어야 한다.

6. 만약 위의 제1항 내지 제5항에 따른 절차로 인한 지연이 소비자의 이익에 반한다고 감독청이 판단하는 경우에는, 이를 생략한다.

7. 감독청이 다음과 같은 사실을 파악한 경우에는 제2항 a 또는 제5항 b를 적용하지 않는다.

a. 적절한 비교결과, 비용증가가 없을 것

b. 적절한 비교결과, 비용증가가 있으나 미미할 것

8. 감독청은 위 제1항에 따라 공표된 규제안을 제공하면서 적절한 요금을 부과할 수 있다.

9. 본 조에 따른 공표는 가장 적합하다고 감독청이 판단하는 방법으로 하여야 한다.

10. ‘비용이익분석’이란, 다음의 경우에 나타날 이익의 분석과 함께 비용에 대한 평가를 의미한다.

a. 규제안이 실행되는 경우, 또는

b. 제5항 b가 적용되는 경우, 이전의 규제로부터 추가되는 것

11. ‘적절한 비교’란,

a. 제2항 a에 관련하여, 규제가 실행되는 경우와 그렇지 않은 경우에 따른 결과의 비교이며,

b. 제5항 b에 관련하여, 규제가 실행된 후와 그 이전 결과의
   비교이다.

전 보험인수 회원

제320조 전 보험인수 회원

1. 보험인수 회원이었던 자는 권한 있는 자인가의 여부를 불문
   하고 로이드에서 인수하였던 보험계약을 이행할 수 있다.
2. 만약 그러한 자가 권한 있는 자인 경우에, 그가 가진 본 법
   제4장의 허가는 해당 보험계약의 이행에 있어서 그의 행위에
   까지 연장되지 않는다.
3. 감독청은 전 보험인수 회원이 보험인수계약상 책임을 다하지
   못할 위험으로부터 보험계약자들을 보호할 목적으로 적절한
   필요조건을 부과할 수 있다.
4. 이러한 조건이 부과된 자는, 이에 관하여 심판소[160)에 이의를
   제기할 수 있다.

제321조 제320조에 의해 부과되는 필요조건

1. 본 법 제320조에 의해 부과되는 필요조건은 다음과 같이 발
   효된다.
   a. 2항에서 명시한 상황에 따라 통지된 경우에는 즉시,
   b. 그 밖의 상황에는 해당통지에서 특정된 날짜

2. 만일 감독청이 본 법 재320조에 의하여 전 보험인수 회원(A)
   에게 필요조건을 부과할 예정이거나 즉시 발효되는 필요조건
   을 부과하는 경우, 이는 서면으로 통지되어야 한다.

3. 이러한 통지서는,
   a. 필요조건의 세부사항을 포함하고,
   b. 감독청의 필요조건 부과이유를 명시하면서,
   c. (심판소에 이의를 제기하였는지 여부에 상관없이) A가 통
      지서에 특정된 기간 내에 감독청에 의견을 진술할 수 있
      음을 알려야 하는 동시에,
   d. 필요조건이 발효되는 일정을 알려야 하고,
   e. 심판소에 이에 관한 이의 제기권이 있음을 확인해야 한다.

4. 감독청은 의견진술의 통보 기간을 연장할 수 있다.

5. A의 의견진술을 고려한 결과, 감독청이 다음의 사항을 결정
   하였다면,
   a. 예정된 필요조건을 부과할 것, 또는
   b. 이미 부과된 경우, 취소하지 않을 것
   위의 사항을 서면으로 통지하여야 한다.

6. 만일 감독청이 다음의 사항을 결정하였다면,
   a. 필요조건을 부과하지 않을 것, 또는
   b. 이미 부과된 필요조건을 취소할 것
   이러한 내용을 A에게 서면으로 통지하여야 한다.

7. 만일 감독청이 A에 의한 필요조건의 변경 또는 취소 요구를 승
   인하기로 결정하였다면, 그 내용을 서면으로 통지하여야 한다.

8. 만일 감독청이 A에 의한 필요조건의 변경 또는 취소 요구를 거
   절하기로 결정하였다면, 그 내용을 서면으로 통지하여야 한다.

9. 만일 의견진술을 고려한 결과 감독청이 그 요청을 거절하기로
   결정하였다면, 그 내용을 A에게 서면으로 통지하여야 한다.

10. 다음에 의한 통지는,

    a. 제5항에 의한 경우, 또는

    b. 요청의 거부를 결정한 제9항의 경우

    이에 관하여 심판소에 이의를 제기할 권리가 A에게 있음을
알려야 한다.

11. 만일 감독청이 A에 의한 필요조건의 변경 또는 취소 요구를
    거절하기로 결정하였다면, 이를 요구한 자는 심판소에 이의
    를 제기할 수 있다.

12. 심판소에 이의를 제기할 권리가 있음을 통지하는 경우에, 관
    련 절차에 관한 사항을 포함하여 알려야 한다.

제322조 전 보험인수 회원에 적용되는 규정

1. 감독청은 전 보험인수 회원이 보험인수계약상의 책임을 다하
   지 못할 위험으로부터 보험계약자를 보호할 목적으로, 필요조

건이 부과된 자에게 적용할 특정 규정을 제정할 수 있다.

2. 이러한 규정은,

   a. 전 보험인수 회원들에서 일반적으로 적용되거나

   b. 전 보험인수 회원들 중에서 특정된 일부에게 적용될 수
      있다.

3. 본 법 제319조는, 제316조에 따른 규제안에 적용되는 것처럼,
   본 조에 따른 규정안을 제정하는 것에도 적용된다.

4. (제152조 내지 제154조를 제외한) 본 법 제10장은 본 조에
   따라 제정된 규정들에 적용되지 않는다.

로이드에서 이루어진 영업의 이전

제323조 이전 계획

협회의 회원 또는 전 보험인수 회원이 수행하던 영업의 전부 또
는 일부를 이전하는 계획과 관련하여, 재무부는 명령을 통하여 본
법 제7장의 규정들을(변경이 필요한 경우 그리하여) 적용하도록 할
수 있다.

제324조 본 장의 해석

1. 본 장에서,

'주선'이라 함은, 본 장이 적용되는 투자와 관련하여, 본 법의 부칙 2 제3조에서의 의미와 같다.

'전 보험인수 회원'이란, 1996년 12월 24일 이후 협회의 보험인수 회원 자격이 종료되는 자를 말한다.

'로이드 보험인수단에 대한 참여'란, 부차적인 시장행위와 관련하여, 본 법 부칙 2의 제21조 제1항에서 정의된 투자를 말한다.

2. 1982년 로이드 법에서 정의되고 본 장에서 사용되는 용어는 동일한 의미를 가진다.

로이드 연표[161]

1688 Edward Lloyd가 커피점 운영시작.

1691 롬바드 가(Lombard Street)로 이전.

1713 Edward Lloyd 사망.

1769 새로운 로이드 커피점(New Lloyd's Coffee House) 설립.

1771 79명의 보험업자와 보험중개인들이 새 건물의 인수를 위해 100 파운드를 마련함. 로이드 위원회(Lloyd's Committee)를 회원들이 선임한 9명으로 구성.

1774 영국 왕립거래소(the Royal Exchange)로 이전.

1796 위원회가 매년 2회의 정기총회를 열고 연례보고서(annual reports) 및 회계보고서(accounts) 발간.

1811 정기총회에서 로이드의 기본체계를 구성하는 규약을 채택.

이 규율로 로이드 회원가입이 더욱 엄격해짐.

1824 거품회사금지법의 폐지로 보험시장의 독점제도가 폐지됨.

1838 화재로 왕립거래소와 초기 로이드의 기록들이 소실됨.

1844 재건된 왕립거래소로 재이전함.

1857 보험인수 회원으로부터 최초의 보험료 시탁기금이 설치됨.

1871 로이드 법(Lloyd's Act 1871)이 제정함.

1873 모든 로이드 보험증권에 로이드 인증을 첨부함.

1870년대 중반 보험인수단(syndicates)에 의한 발전이 이루어짐.

1880년대 커스버트 히스(Cuthbuert Heath)가 미국 내에서 활동하는
    영국기업의 위험을 담보하는 로이드 최초의 재보험을 인수함.

1887 히스가 로이드 최초의 비해상보험을 인수함.

1903 위원회가 비해상보험시장을 설치함.

1904 로이드 최초의 자동차보험 인수.

1906 샌프란시스코 대지진으로 미국 내에서 로이드의 명성 획득.

1906~7 히스가 샌프란시스코 대지진에 따른 초과손해보험을 인수.

1908 연례감사 실시 및 보험료신탁기금 설치. 1909년 이후 1946년
    보험회사법(Assurance Companies Act)으로 의무화됨.

1911 로이드 최초의 항공보험 인수.

1925 중앙보증기금 설치.

1928 레덴홀 가(Leadenhall Street)의 로이드 건물로 이전함.

1939 미국 신탁기금 설치.

1958 라임 가(Lime Street) 건물로 이전함.

1968 위원회가 비 영국회원 및 영연방회원의 참여 허가.

1978 정기총회에서 로이드의 자율규제를 감독하기 위한 운영단 설치.

1979 헨리피셔 경(Sir Henry Fisher)이 운영단의 의장으로 선출됨.

1980 피셔 안(Fisher Proposal)에 기초한 로이드 법안이 마련됨.

1982 로이드 법(Lloyd's Act 1982)이 의회를 통과함.

1983 로이드 평의회에서 의장을 선출함.

1986 라임 가(Lime Street)의 새 건물을 신축함.

1988 로이드 300주년.

1994 법인회원들이 최초 15억 9,500만 파운드의 보험인수가액으로
     보험인수를 시작함.

1997 약 95% 회원들의 찬성으로 '개혁과 재건'에 관한 제안이 통
     과됨.

1998~2001년부터 금융감독청의 로이드에 대한 독립적 감독을 발
  표함.

2002 전략기획단(Chairman's Strategy group)의 제안을 로이드 회원
  들이 승인함. 본 제안은 로이드의 발전 전략을 위한 개혁안
  을 포함.

2003 경영위원회(Franchise Board)의 설치 및 로이드 개혁 작업을
  시작함.

LLOYD'S ACTS.

LLOYD'S ACT, 1871.

PUBLISHED BY THE CORPORATION OF LLOYD'S,
LIME STREET, LONDON EC3.

<u>NOTE</u>.

The words appearing in the following Lloyd's Act in italics and the marginal notes printed in italics do not form part of the original text or marginal headings of the Act.

Where a Section of the Act has been repealed, it is not produced in the text, but a marginal note indicates the date of repeal.

The Lloyd's Act, 1888, the Lloyd's Signal Stations Act, 1888, and the Lloyd's Act, 1925 have been wholly repealed.

LLOYD'S ACT, 1871.

ARRANGEMENT OF ORIGINAL SECTIONS.

Section.

CHAPTER XXI.

An Act for incorporating the members of the Establishment or Society A.D. 1871
formerly held at Lloyd's Coffee House in the Royal Exchange in the City
of London, for the effecting of Marine Insurance, and generally known
as Lloyd's; and for other purposes.

[25th May, 1871.]

WHEREAS there has long existed in the Royal Exchange in
the City of London an Establishment or Society formerly held at
Lloyd's Coffee House in the Royal Exchange, for the effecting of marine
insurance, and generally known as Lloyd's:

And whereas the Society is regulated by a deed of association, dated on or
about the thirtieth day of August one thousand eight hundred and eleven,
which deed, or a deed of accession referring thereto, has usually been from
time to time executed by the several members of the Society, and the Society is
governed by rules or regulations from time to time made under that deed:

And whereas the affairs of the Society, and the business conducted by its
members as such, are of large and increasing magnitude and importance, but
the constitution of the Society is imperfect, and difficulties arise therefrom in
relation to legal proceedings, and the management of the affairs of the Society
and the incorporation of its members with proper powers would be of great
benefit to the shipping and mercantile interests of the United Kingdom, and it
is therefore expedient that they be incorporated, and that provision be made
for the government of the Society and the conduct of its affairs:

And whereas by section four hundred and forty-eight of the Merchant
Shipping Act, 1854, it is enacted to the effect that any receiver of wreck, or in
his absence any justice of the peace, shall, as soon as conveniently may be,
examine on oath any person belonging to any ship which may be or may have
been in distress on the coast of the United Kingdom, or any other person who
may be able to give an account thereof or of the cargo or stores thereof, as to
the matters in that section specified, and that the receiver or justice shall take
the examination down in writing, and shall make two copies of the same, of
which he shall send one to the Board of Trade and the other to the Secretary of

the Committee for managing the affairs of Lloyd's in London, and such last-mentioned copy shall be placed by the said Secretary in some conspicuous situation for the inspection of persons desirous of examining the same:

And whereas it will be necessary on the incorporation of the Society to secure the continuance of the operation of the said section:

And whereas the capital stock of the Society consisted on the first day of December 1870 of the sum of forty-eight thousand pounds three pounds per centum consolidated annuities standing in the names of four persons being trustees for the Society:

And whereas in or about the year 1799 a vessel of war of the royal navy, named the Lutine, was wrecked on the coast of Holland with a considerable amount of specie on board, insured by underwriters at Lloyd's, being members of the Society, and others, and Holland being then at war with this country the vessel and cargo were captured, and some years afterwards the King of the Netherlands authorized certain undertakers to attempt the further salvage of the cargo on the conditions (among others) that they should pay all expenses, and that one half of all that should be recovered should belong to them, and that the other half should go to the Government of the Netherlands, and subsequently the King of the Netherlands ceded to King George the Fourth on behalf of the Society of Lloyd's, the share in the cargo which had been so reserved to the Government of the Netherlands:

And whereas from time to time operations of salving from the wreck of the Lutine have been carried on, and a portion of the sum recovered, amounting to about twenty-five thousand pounds, is by virtue of the cession aforesaid in the custody or under the control of the Committee for managing the affairs of Lloyd's:

And whereas, by reason of the mode in which the business of insurance has always been carried on by members of the Society, the names of those who underwrite a particular policy cannot, when a considerable time has elapsed, be traced with certainty, if at all, especially as regards policies anterior in date to one thousand eight hundred and thirty-eight, in which year the books and papers relating to the affairs of the Society were lost in the fire which destroyed the Royal Exchange:

And whereas it is expedient that the operations of salving from the wreck of the Lutine be continued, and that provision be made for the application in that behalf, as far as may be requisite, of money that may hereafter be received from those operations, and for the application to public or other purposes of the aforesaid sum of twenty-five thousand pounds, and of the unclaimed residue of money to be hereafter received as aforesaid:

And whereas it is expedient that various powers be conferred on the Society as incorporated, and that its functions be as far as may be defined:

And whereas it is expedient that provision be made for the incorporation, from time to time, by agreement, with the Society, of other societies, associations, companies, or corporations instituted for purposes connected with shipping or marine insurance:

And whereas the objects aforesaid cannot be attained without the authority of Parliament:

May it therefore please Your Majesty that it may be enacted; and be it enacted by the Queen's most Excellent Majesty, by and with the advice and consent of the Lords Spiritual and Temporal, and Commons, in this present Parliament assembled, and by the authority of the same, as follows; (that is to say),

1. This Act may be cited as Lloyd's Act, 1871.

Short title.

2. On the passing of this Act, the deed of association, dated on or about the thirtieth day of August one thousand eight hundred and eleven, executed by members of the Establishment or Society of Lloyd's as existing before the passing of this Act, and any deed executed by other members by way of accession thereto, shall be and the same are and each of them is hereby annulled.

Cessor of existing constitution.

3. The Right Honourable George Joachim Goschen, William Simpson, James Leverton Wylie, William Young, Henry Caspar Heintz, Frederic Bernstein Bernard Natusch, James Bischoff, George Dorman Tyser, Michael Wills, William Wilson Saunders, Leonard Charles Wakefield, and Thomas Chapman, and all persons admitted as members of Lloyd's before or after the passing of this Act, are hereby united into a Society and Corporation for the purposes of this Act, and for those purposes are hereby incorporated by the name of Lloyd's, and by that name shall be one body corporate, with perpetual succession and a common seal, and with power to purchase, take, hold, and dispose, of lands and other property (which incorporated body is hereafter in this Act referred to as the Society).

Incorporation of Lloyd's.

4. All property and rights of or to which the Committee for managing the affairs of Lloyd's, or any person on their behalf, or any trustee for that Committee, or for the members of Lloyd's, are or is possessed or entitled at law or in equity at the passing of this Act, shall by virtue of this Act belong to the Society to the same extent and for the same estate and interest as the same respectively is and are at the passing of this Act vested in that Committee, person, or trustee, and may be held used, and enjoyed accordingly; and all trustees for the Establishment or Society as it existed before the passing of this Act, or for that Committee, shall be and continue trustees for the Society, as nearly as may be as if this Act had not been passed.

Property, &c., vested in Society.

5. Notwithstanding the annulling by this Act of the aforesaid deeds of association and accession, and the incorporation by this Act of the Society, all deeds of trust, leases, mortgages, bonds, contracts, agreements, securities, transfers, and other acts and things before the passing of this Act made, entered into, executed, or done by or with the Committee for managing the affairs of Lloyd's, or any person or trustee as aforesaid, shall be as good,

Contracts, &c., to remain in force.

A.D. 1871

valid, and effectual to all intents for, against, and with reference to the Society as they would have been for, against, or with reference to such Committee if this Act had not been passed, and may be proceeded on, executed, used, dealt with, and enforced accordingly, the Society being only substituted in or in relation thereto respectively for such Committee.

Actions, &c., not to abate.

6. Notwithstanding the annulling and incorporation aforesaid, any action, suit, prosecution, or other proceeding instituted before the passing of this Act by or against the Committee for managing the affairs of Lloyd's, or any person or trustee as aforesaid, shall not abate or be discontinued or be prejudicially affected by this Act, but on the contrary, shall continue and take effect both in favour of and against the Society, as it would have done in favour of or against that Committee, or the members thereof, or any of them, or any person or trustee as aforesaid, if this Act had not been passed, the Society being only substituted in or in relation thereto respectively for that Committee or the members thereof, or any one or more of them, or such person or trustee.

Debts to be paid and received by the Society.

7. All debts due to the Committee for managing the affairs of Lloyd's, or to any person or trustee as aforesaid, with all interest (if any) due or to accrue due thereon, shall be paid to the Society, and shall be recoverable by them, and all debts due by such Committee person, or trustee as aforesaid, with all interest (if any) due or to accrue due thereon, shall be paid by the Society, and shall be recoverable from them.

Officers continued.

8. All officers of and persons employed by the Committee for managing the affairs of Lloyd's, in office or employment at the passing of this Act, shall continue in their respective offices and employments, according to the tenure of their respective offices and employments, and as if they had been appointed by the Society, and be deemed to be officers of or persons employed by the Society, and they and their respective sureties shall be liable as if they respectively had been appointed by and had become bound to the Society.

General saving for rights and liabilities.

9. Notwithstanding the annulling and incorporation aforesaid, and except as by this Act otherwise expressly provided, everything before the passing of this Act done or suffered by or with reference to the Committee for managing the affairs of Lloyd's, or any person or trustee as aforesaid, shall be as valid as if this Act had not been passed, and the annulling and incorporation aforesaid and this Act respectively shall accordingly be subject and without prejudice to everything so done or suffered, and to all rights, liabilities, claims, and demands, both present and future, which if this Act had not been passed would be incident to and consequent on any and everything so done or suffered, and with respect to all such rights, liabilities, claims and demands the Society shall to all intents represent and be deemed a continuation of the Establishment or Society constituted or regulated by the deeds of association and accession aforesaid, and the generality of this enactment shall not be restricted by any other provision of this Act.

10.   *The objects of the Society shall be:—*

     The carrying on by Members of the Society of the business of insurance of every description including guarantee business;

     The advancement and protection of the interests of Members of the Society in connection with the business carried on by them as Members of the Society and in respect of shipping and cargoes and freight and other insurable property or insurable interests or otherwise;

     The collection publication and diffusion of intelligence and information;

     The doing of all things incidental or conducive to the fulfilment of the objects of the Society.

A.D. 1871.

Objects of the Society.

As amended by Lloyd's Act, 1911, Section 4.

11, 12.

Repealed by Lloyd's Act, 1982, Schedule 3.

13 to 17.

Repealed by Lloyd's Act, 1925, Section 4 as from 25th July 1966.

18, 19.

Repealed by Lloyd's Act, 1982, Schedule 3.

20.   If any member of the Society—

   1. Violates any of the fundamental rules of the Society; or,

   2. Is guilty of any act or default discreditable to him as an underwriter or otherwise in connexion with the business of insurance—

Exclusion from membership for violation of fundamental rules, &c.

Repealed by Lloyd's Act, 1982, Schedule 3, but continuing in force until the time specified in Lloyd's Act, 1982, Schedule 4, Part II Paragraph 11.

Amendment made by Lloyd's Act, 1911, Section 5.

he shall be liable to be excluded from membership of the Society by the votes of four-fifths of such members of the Society as are present at a meeting of the Society specially convened for the purpose, with notice of the object by circular issued to every member six days at least before the day appointed for the meeting, there being present and voting at the meeting one hundred members at least, but a member shall not in any case be deemed for the purposes of this section to have violated any fundamental rule, or to be guilty of any act or default as aforesaid, unless the fact of such violation or guilt has been first ascertained and determined by the award of two arbitrators (each of them being a merchant or shipowner or underwriter, and one of them being nominated by the Committee and the other by the member complained of), or, in case of difference between the arbitrators, by the award of the Recorder of the City of London, or, failing the Recorder, then of one of Her Majesty's Counsel nominated by him as umpire; and the provisions of *the Arbitration Act, 1950, or any statutory modification or re-enactment thereof for the time being in force* shall apply in every such case, and the arbitrators and the umpire respectively shall take into consideration all the circumstances of the case, moral as well as legal.

Substitution made by Lloyd's Act, 1951, Section 7(1).

*Repealed by
Lloyd's Act, 1982,
Schedule 3.*

Continuance and
annulling of
existing byelaws.

28.   The general rules and regulations or bye-laws for the management of the affairs of Lloyd's, passed at a general meeting of the members of Lloyd's held on the fourth and confirmed at a subsequent meeting held on the eleventh day of January one thousand eight hundred and seventy-one, may be annulled by byelaws under this Act, and, as far as the same are not inconsistent with this Act, the same (except those numbered ninety-three to ninety-nine inclusive) shall continue in force for four months after the passing of this Act (unless sooner so annulled), and no longer, and while so in force shall apply to the Society as incorporated by this Act, and the members thereof; but nothing in this Act shall give any validity or force to any such general rule, regulation, or byelaw as aforesaid, made before the passing of this Act, further or other than it would have had if this Act had not been passed.

*Repealed by
Lloyd's Act, 1982,
Schedule 3.*

29.

Application of
parts of
Companies
Clauses Act.

30.   Sections ninety-seven to one hundred of The Companies Clauses Consolidation Act, 1845, relating to contracts by and proceedings of and liabilities of directors, are hereby incorporated with this Act, and shall apply to the Committee, and the Society in like manner, mutatis mutandis, as they apply to directors and a company.

Penalty on
imitation of
stamp, &c.

*Amendment made
by Lloyd's Act,
1911, Section 5.*

31.   If any person, without the authority of the Society, or without other lawful excuse (proof whereof respectively shall lie on him) does any of the following things (namely) imitates or copies any stamp, mark, or other thing for the time being used by the Society to distinguish forms of policies of insurance underwritten by members of the Society or offers or utters or uses any form of policy bearing any such stamp, mark, or other thing as aforesaid, he shall for every such offence be liable, on summary conviction before two justices, to a penalty not exceeding twenty pounds.

*Repealed by
Lloyd's Act, 1982,
Schedule 3.*

32.

Publication of
information
under Merchant
Shipping Act, &c.

33.   Section four hundred and forty-eight of The Merchant Shipping Act, 1854, shall have effect as if the secretary of Lloyd's were therein mentioned instead of the secretary of the Committee for managing the affairs of Lloyd's, and the secretary of the Society shall accordingly continue to receive and publish in manner therein directed the documents therein mentioned, and shall also at all times receive and publish all such information relative to shipping and cargoes as is from time to time sent to him for the purpose by the Board of Trade or by their direction.

34.   The Society may from time to time aid in or undertake in such manner as to them seems fit the discovery, recovery, protection, and restoration or other disposal of property before or after the passing of this Act wrecked, sunk, lost, or abandoned, or found or recovered in, on, or beneath the sea or on the shore, at home or abroad.

35.   The Society may from time to time do or join in doing all such lawful things as they think expedient with a view to further salving from the wreck of the Lutine, and hold, receive and apply for that purpose so much of the money to be received by means of salving therefrom as they from time to time think fit, and the net money produced thereby, and the said sum of twenty-five thousand pounds, shall be applied for purposes connected with shipping or marine insurance, according to a scheme to be prepared by the Society, and confirmed by Order of Her Majesty in Council, on the recommendation of the Board of Trade, after or subject to such public notice to claimants of any part of the money aforesaid to come in, and such investigation of claims, and such barring of claims not made or not proved, and such reservation of rights (if any), as the Board of Trade think fit.

36 to 38.

39.   The Society, and any other society, association, or corporation instituted for purposes connected with shipping or insurance, may from time to time enter into and carry into effect such agreements as they think fit for the incorporation with the Society of such other society, association, or corporation, and for the transfer to the Society of the property and funds, rights and liabilities, and officers and servants, of such other society, association, or corporation, and for other the incidents and consequences of such incorporation; but no such agreement shall have effect unless and until it is confirmed by Order of Her Majesty in Council, on the recommendation of the Board of Trade, whereupon it shall have the like operation as if the terms thereof had been enacted in this Act; and no such agreement shall be recommended for confirmation as aforesaid if by virtue thereof the Society would acquire any power or authority different from the powers and authorities conferred on the Society by this Act.

40.   Nothing in this Act shall confer limited liability on the members of the Society, or in any manner restrict the liability of any member thereof in respect of his individual undertakings, or make any member of the Society as such responsible in any manner for any of the undertakings, debts, or liabilities of any other member of the Society as such, or affect or interfere with or empower the Society or the Committee to interfere with any business whatever other than the business of insurance carried on by any member of the Society.

41.   Nothing in this Act shall take away, abridge, or prejudicially affect any right, title, power, or authority vested in Her Majesty, her heirs or successors, or in any admiral, vice-admiral, or lord of a manor, or in any person

A.D. 1871.

Power to undertake recovery of wreck, &c.

Salvage operations as to wreck of Lutine.

Repealed by Lloyd's Act, 1911, Section 6.

Agreements for incorporation of other societies, &c.

Amendment made by Lloyd's Act, 1911, Section 5.

Saving for liability of members, &c.

Amendment made by Lloyd's Act, 1911, Section 5.

Saving for rights and powers of Crown, Board of Trade, &c., as to wreck.

or corporation, or in the Board of Trade, or in any receiver of wreck or other officer under The Merchant Shipping Act, 1854, or otherwise in relation to wreck, as defined in The Merchant Shipping Act, 1854, or any interest or right of dealing of any shipowner or other person in or with any property before or after the passing of this Act wrecked, sunk, lost, or abandoned, or found or recovered in, on, or beneath the sea or on the shore, at home or abroad.

Savings respecting exclusion from membership.

42.   Nothing in this Act shall confer on the Society as incorporated by this Act any right or power to exclude, by or under any byelaw or resolution or otherwise, any person from membership of the Society by reason of anything done or omitted before the passing of this Act, or confirm or enlarge any such right or power, if existing at the passing of this Act, in the Establishment or Society of Lloyd's, and on the other hand nothing in this Act shall take away from the Society as incorporated by this Act any such right or power if so existing, or abridge or weaken the same, or prevent the Society as incorporated by this Act from exercising the same, but on the contrary such right or power if and as so existing shall remain in and be exercisable by the Society as incorporated by this Act, in the same cases and in like manner (if any) in which the same would have existed in and been exercisable by the Establishment or Society of Lloyd's if this Act had not been passed, but not further or otherwise.

Expenses of Act.

43.   The costs, charges, and expenses preliminary to and of and incidental to the preparing, applying for, obtaining, and passing of this Act shall be paid by the Society.

THE SCHEDULE.

A.D. 1871.

Repealed by Lloyd's Act, 1982, Schedule 3, but continuing in force until the time specified in Lloyd's Act, 1982, Schedule 4, Part II Paragraph 11.

THE FUNDAMENTAL RULES OF THE SOCIETY.

1. There shall be underwriting members and non-underwriting members.

2. A non-underwriting member shall not underwrite in his own name at Lloyd's, or empower another person to underwrite for him at Lloyd's.

3. All underwriting business transacted at Lloyd's shall be conducted in the underwriting rooms, and not elsewhere.

4. An underwriting member shall not, by himself or by any partner or other substitute, directly or indirectly, underwrite in the city of London a policy of insurance as follows:

   (1.) In the name of a partnership, or otherwise than in the name of one individual (being an underwriting member of the Society) for each separate sum subscribed; or,

   (2.) For the account, benefit, or advantage, of any company or association, unless they are subscribers to the Society, nor unless every policy underwritten for their account, benefit, or advantage is underwritten in their ordinary place of business.

5. A member shall not open an insurance account in the name of any person not being a member or subscriber.

LLOYD'S ACTS.

LLOYD'S ACT, 1911.

PUBLISHED BY THE CORPORATION OF LLOYD'S,
LIME STREET, LONDON EC3.

<u>*NOTE.*</u>

The words appearing in the following Lloyd's Act in italics and the marginal notes printed in italics do not form part of the original text or marginal headings of the Act.

Where a Section of the Act has been repealed, it is not produced in the text, but a marginal note indicates the date of repeal.

The Lloyd's Act, 1888, the Lloyd's Signal Stations Act, 1888, and the Lloyd's Act, 1925 have been wholly repealed.

LLOYD'S ACT, 1911

ARRANGEMENT OF SECTIONS.

CHAPTER LXII.

An Act to Extend the Objects of and confer Further Powers on Lloyd's and to   A.D. 1911
 Amend Lloyd's Act 1871.

[18th August, 1911.]

WHEREAS by Lloyd's Act 1871 (in this Act referred to as "the Act of 1871") certain persons were united into a Society or Corporation for the purposes of that Act and were incorporated by the name of Lloyd's (which incorporated body was in the Act of 1871 and is in this Act referred to as "the Society") and various powers were conferred on the Society by the said Act:

And whereas by the Act of 1871 the objects of the Society were declared inter alia to be the carrying on of the business of marine insurance by Members of the Society and the protection of the interests of Members of the Society and the collection publication and diffusion of intelligence and information:

And whereas further powers were conferred on the Society and further provisions made with reference to the Society by Lloyd's Act 1888 and Lloyd's Signal Stations Act 1888:

And whereas the Members of the Society have in the past carried on at Lloyd's insurance business other than marine insurance and it is expedient that the objects of the Society should be extended to the carrying on of the business of insurance other than marine insurance by Members of the Society and that further powers should be conferred on the Society and the Committee of Lloyd's as hereinafter in this Act provided:

And whereas by the Act of 1871 it was directed that the capital stock of the Society should be transferred to and kept in the names of four Members of the Society as Trustees for the Members of the Society and such capital stock now stands in the names of certain Members of the Society (hereinafter in this Act called "the Trustees of the capital stock") as Trustees for the Society and its Members as in the said Act mentioned and it is expedient that the capital stock should be transferred to and held by the Society:

A.D. 1911

And whereas in pursuance of the Assurance Companies Act 1909 or the regulations or requirements for the time being of the Society or the Committee or otherwise Members of the Society furnish security in the form of either a deposit with a trust deed or a guarantee or guarantees or partly in the one form and partly in the other which security is available solely for the purpose of meeting their liabilities in respect of policies underwritten by them or on their account at Lloyd's and the Society have in the past acted as Trustee of certain of such trust deeds and guarantees either solely or jointly with others and doubts have arisen as to the power of the Society to so act and it is expedient that the action of the Society in acting as such Trustee in the past should be confirmed and that the Society should be authorised to act as Trustee of any trust deed or guarantee furnished by any Member of the Society as aforesaid:

And whereas it is expedient that the Society should be authorised itself to act as guarantor either solely or jointly with any other guarantor or guarantors as hereinafter in this Act provided and that the Society should in certain cases be authorised to make good any deficiency arising by reason of the default of any guarantor or the insufficiency of any security furnished by Members of the Society as aforesaid:

And whereas the purposes aforesaid cannot be effected without the authority of Parliament:

MAY IT THEREFORE PLEASE YOUR MAJESTY

That it may be Enacted AND BE IT ENACTED by the King's Most Excellent Majesty by and with the advice and consent of the Lords Spiritual and Temporal and Commons in this present Parliament assembled and by the authority of the same as follows:—

Short and collective titles.

1. This Act may be cited as Lloyd's Act 1911 and the Act of 1871 Lloyd's Signal Stations Act 1888 and this Act may be cited and are hereinafter in this Act referred to as Lloyd's Acts 1871 to 1911.

Definition.

2. In this Act the expression "the Committee" shall mean the Committee of Lloyd's constituted under the Act of 1871.

Extension of Objects.

3. The objects of the Society are hereby extended so as to include the carrying on of the business of insurance of every description including guarantee business by Members of the Society and the Act of 1871 shall be read and have effect accordingly.

Objects of Society.

4. Section 10 of the Act of 1871 and Lloyd's Act 1888 are hereby repealed and in lieu thereof the following provision is hereby enacted and shall have effect accordingly:—

Repeal of Section 10 of Lloyd's Act, 1871, and of Lloyd's Act, 1888.

The objects of the Society shall be:—

> The carrying on by Members of the Society of the business of insurance of every description including guarantee business;

A.D. 1911.
——

The advancement and protection of the interests of Members of the Society in connection with the business carried on by them as Members of the Society and in respect of shipping and cargoes and freight and other insurable property or insurable interests or otherwise;

The collection publication and diffusion of intelligence and information;

The doing of all things incidental or conducive to the fulfilment of the objects of the Society.

5. Sections 20 24 31 39 and 40 of the Act of 1871 shall be read and have effect as if the word "marine" had been omitted from such sections wherever the same occurs in such sections and as if the word "insurance" where the same occurs in those sections included guarantee business.

Amendment Act of 1871.

6. Within six months after the passing of this Act the capital stock of the Society shall be transferred by the Trustees of the capital stock to the Society and such Trustees shall on the request of the Society execute and do all such acts and deeds as may be necessary to effect and carry out such transfer and on such transfer being duly made the said Trustees shall be released and discharged from their trust and cease to act as such Trustees and Sections 36 37 and 38 of the Act of 1871 shall be repealed.

Transfer to Society by Trustees of capital stock.

Repeal of Sections 36, 37 and 38 of Lloyd's Act, 1871.

7. *The Society shall hold the funds and property of the Society and the income therefrom for all or any of the following purposes:—*

    (a) for defraying the costs, charges and expenses incurred by the Society, the Council or otherwise in the execution and carrying out of Lloyd's Acts 1871 to 1982;

    (b) for furthering the objects of the Society;

    (c) for making good any default by any member of the Society under any contract of insurance underwritten at Lloyd's which in the opinion of the Council it is in the interests of the members of the Society to make good;

    (d) for guaranteeing or securing, in such manner as the Council think fit, any debt or obligation of or binding on the Society, any of its subsidiaries or any other person;

    (e) for such other purposes (if any) as may from time to time be prescribed by byelaw;

and subject thereto for the benefit of the members of the Society jointly.

Purposes for which capital stock, &c. to be held by Society.

As amended by Lloyd's Act, 1982, Section 15(1)(b).

8.—*(1) It shall be lawful and shall be deemed always to have been lawful for the Society to act as trustee either solely or jointly with any other person of any trust deed or guarantee or other document relating to the insurance business carried on at Lloyd's by Members of or Annual Subscribers to the Society.*

(2) Any trustee or trustees of any such trust deed or guarantee or other document as aforesaid may transfer any trust fund subject to any such trust deed

As amended by Lloyd's Act, 1951, Section 5 (1) & (2).

A.D. 1911.

guarantee or document to the Society and assign to the Society the benefit or advantage to which he or they are entitled under any such trust deed guarantee or document and on the execution of such transfer or deed of assignment the Society shall be entitled to such trust fund and to all benefits and advantages under any such trust deed guarantee or document in the same manner and to the same extent and on the same trusts as such trustees held or were entitled to the same.

Powers to
Society with
reference to
guarantees.

*As amended by
Lloyd's Act, 1982,
Section 15(1)(c).*

9. Without prejudice to the provisions of section 7 of this Act the Society may either by itself or jointly with any other guarantor or guarantors guarantee the payment of claims and demands upon contracts of insurance underwritten at Lloyd's and the Society may for such purposes enter into contracts and may apply the funds and property of the Society and the income therefrom or any part thereof for the purpose of discharging any liabilities of the Society under any guarantees or contracts as aforesaid and the powers conferred on the Society by this section may be exercised by the Council in accordance with byelaws made under Lloyd's Act, 1982.

*Repealed by
Lloyd's Act, 1982,
Schedule 3.*

10, 11.

Power to
Committee to
temporarily
suspend Members.

*Repealed by
Lloyd's Act, 1982,
Schedule 3, but
continuing in force
until the time
specified in Lloyd's
Act, 1982,
Schedule 4, Part II
Paragraph 11.*

12.—(1) If it be established to the satisfaction of the Committee at any meeting to be held by them in accordance with the Act of 1871 or the bye-laws made thereunder that any Member of the Society has been guilty of any act or default discreditable to him as an underwriter or otherwise in connection with the business of insurance including guarantee business the Committee may by a resolution of a majority of not less than five-sixths of the Members of the Committee present at any meeting duly convened for the purpose at which not less than ten Members of the Committee are present resolve that such Member shall for such period not exceeding two years as they shall determine be suspended from carrying on insurance business including guarantee business as a Member of the Society and on the passing of any such resolution and on notice in writing thereof being given to any such Member so suspended such Member shall cease to carry on as a Member of the Society any insurance business including guarantee business for such period as may be fixed by such resolution of the Committee Provided that any such Member so suspended may within seven days of receipt of notice of any such resolution give notice in writing to the Committee of his desire to appeal to a General Meeting of the Society against the resolution of the Committee under this section and if such notice of appeal be given by such Member the Committee shall summon a General Meeting of the Society to be held within forty-two days after the receipt of such notice of appeal but not before the expiration of a period of twenty-one days after the Committee shall have given notice of such General Meeting to such Member by letter delivered to him personally or addressed to him by post at Lloyd's and the resolution of the Committee shall be submitted to the Meeting

A.D. 1911.

for confirmation and the Meeting shall have power to confirm the same and the decision of the Meeting shall be final and in the event of any such appeal and pending such confirmation the resolution of the Committee shall be inoperative. If within fifteen minutes after the time appointed for the Meeting one hundred Members of the Society are not present the Meeting shall be adjourned to a day and hour (not less than seven days nor more than fourteen days after the day of adjournment) to be fixed and declared by the Chairman of the Meeting and no further notice of the adjourned Meeting need be given and the adjourned Meeting shall be held on the day and at the hour so fixed and declared and if within fifteen minutes after the time appointed for the adjourned Meeting one hundred Members of the Society are not present then the resolution of the Committee shall be deemed not to have been confirmed and shall be inoperative in all respects as if it had never been passed by the Committee.

(2)   No resolution of the Meeting or adjourned Meeting confirming the resolution of the Committee shall be effective unless the same shall be passed at such Meeting or adjourned Meeting or on any ballot taken in pursuance of a demand made thereat (which demand may be made by the Member himself or by six or more Members present) by a majority of not less than three-fourths of the Members present and voting at such Meeting or on such ballot and if no effective resolution shall be passed at such Meeting or adjourned Meeting or on such ballot confirming the resolution of the Committee then such resolution of the Committee shal be deemed to be revoked and shall be inoperative in all respects as if it had never been passed by the Committee.

(3)   A declaration by the Chairman of any General Meeting or adjourned General Meeting held in pursuance or for the purposes of this section as to the number of Members of the Society present or as to the insufficiency of the number of those present to form a quorum or as to the passing or otherwise of a resolution at any such General Meeting shall be final and conclusive.

(4)   The Committee shall publish in the rooms at Lloyd's the effect of any resolution passed by them under the provisions of this section after the date of the expiration of the time limited for appealing against such resolution and in the event of there being no such appeal and in the event of there being an appeal the Committee shall in like manner publish the confirmation or non-confirmation (as the case may be) of such resolution.

13.

Repealed by Lloyd's Act. 1982. Schedule 3.

14.   All notices summoning General Meetings and other notices to Members of the Society under the provisions of Lloyd's Acts 1871 to 1911 or of any bye-laws under any of such Acts not specially directed by any such Acts or bye-laws thereunder to be otherwise given shall be given by posting the same in the rooms at Lloyd's or in such other manner as may be prescribed by the bye-laws of the Society.

Notices to Members.

LLOYD'S ACTS.

LLOYD'S ACT, 1951.

PUBLISHED BY THE CORPORATION OF LLOYD'S,
LIME STREET, LONDON EC3.

15. The costs charges and expenses of and incidental to the preparing applying for obtaining and passing of this Act shall be borne and paid by the Society.

SCHEDULE

<u>*NOTE.*</u>

The words appearing in the following Lloyd's Act in italics and the marginal notes printed in italics do not form part of the original text or marginal headings of the Act.

Where a Section of the Act has been repealed, it is not produced in the text, but a marginal note indicates the date of repeal.

The Lloyd's Act, 1888, the Lloyd's Signal Stations Act, 1888, and the Lloyd's Act, 1925 have been wholly repealed.

LLOYD'S ACT 1951.

ARRANGEMENT OF ORIGINAL SECTIONS.

CHAPTER VIII.

An Act to confer further powers on Lloyd's to amend Lloyd's Acts 1871 to 1925 and for other purposes.

A.D. 1951

[26th April 1951.]

WHEREAS by Lloyd's Act 1871 (in this Act referred to as "the Act of 1871") certain persons were united into a society or corporation for the purposes of that Act and were incorporated by the name of Lloyd's (which incorporated body was in the Act of 1871 and is in this act referred to as "the Society") and various powers were conferred upon the Society by the said Act:

34 & 35 Vict., c. xxi.

And whereas by Lloyd's Act 1911 the objects of the Society were extended and now include the carrying on by members of the Society of the business of insurance of every description including guarantee business the advancement and protection of the interests of members of the Society in connection with the business carried on by them as members of the Society and in respect of shipping and cargoes and freight and other insurable property or insurable interests or otherwise the collection publication and diffusion of intelligence and information and the doing of all things incidental or conducive to the fulfilment of the objects of the Society:

1 & 2 Geo. V. c. lxii.

And whereas further powers were conferred on the Society and further provisions were made with reference to the Society by Lloyd's Signal Stations Act 1888 Lloyd's Act 1911 and Lloyd's Act 1925:

51 & 52 Vict., c. 29.
15 & 16 Geo. V. c. xxvi.

And whereas the number of and the business carried on by members of the Society and the activities of the Society have increased and are increasing and the Society desires to erect and fit up new premises for its accommodation and the accommodation of its members and for other purposes and to borrow money but doubts have arisen as to whether it has power to borrow for that or any other purpose and it is expedient that the provisions of this Act with respect thereto be enacted:

And whereas in addition to members there are annual subscribers to and associates of the Society and others who may be granted admission to the rooms of the Society and who enjoy such privileges as the committee of the Society from time to time determine:

A.D. 1951
——

And whereas under section 8 of Lloyd's Act 1911 the Society may act as trustee either solely or jointly with any other person of any trust deed or guarantee or other document furnished to the Society by any member of the Society as security for meeting his liabilities under policies underwritten by him or on his account at Lloyd's and it is expedient to extend the powers of the Society under that section in manner provided by this Act:

And whereas under section 9 of Lloyd's Act 1911 the Society may for the purposes mentioned in that section either by itself or jointly with any other guarantor or guarantors guarantee the payment of claims and demands upon policies of insurance including guarantees underwritten by members of the Society or on their account at Lloyd's subject as mentioned in the said section and it is expedient to extend the powers of the Society under that section in manner provided by this Act:

And whereas it is expedient that the other provisions of this Act be enacted:

And whereas the objects of this Act cannot be effected without the authority of Parliament:

May it therefore please Your Majesty that it may be enacted and be it enacted by the King's most Excellent Majesty by and with the advice and consent of the Lords Spiritual and Temporal and Commons in this present Parliament assembled and by the authority of the same as follows:—

Short and collective titles.

1.—(1)   This Act may be cited as Lloyd's Act 1951.

(2)   Lloyd's Acts 1871 to 1925 and this Act may be cited together as Lloyd's Acts 1871 to 1951.

Interpretation.

2.   In this Act unless there is something in the subject or context repugnant to such construction—

"the Act of 1871" means Lloyd's Act 1871;

"the Act of 1911" means Lloyd's Act 1911;

"the committee" means the Committee of Lloyd's constituted under the Act of 1871;

"the society" means the society incorporated by the Act of 1871 by the name of Lloyd's.

Powers of Society to borrow.

3.—(1)   The Society may raise or borrow money and secure the same and any interest thereon upon any property of the Society either in order to acquire any land or to develop and turn to account any land acquired by or in which the Society is interested (and in particular by constructing altering pulling down reconstructing decorating furnishing fitting up maintaining and improving buildings and whether the same shall be intended for occupation or part occupation of the Society or its members or subscribers or otherwise) or for any other purpose of the Society.

As amended by Lloyd's Act, 1982. Schedule 3.

(2)   The powers conferred on the Society by this section may be exercised by the committee.

4.

A.D. 1951.

*Repealed by
Lloyd's Act, 1982,
Schedule 3.*

5.—(1)   It shall be lawful and shall be deemed always to have been lawful for the Society to act as trustee either solely or jointly with any other person of any trust deed or guarantee or other document.

Society may act
as trustee for
certain purposes.

*Amended by
Lloyd's Act, 1982,
Section 15(1)(d)*

(2)   Any trustee or trustees of any such trust deed or guarantee or other document as aforesaid may transfer any trust fund subject to any such trust deed guarantee or document to the Society and assign to the Society the benefit or advantage to which he or they are entitled under any such trust deed guarantee or document and on the execution of such transfer or deed of assignment the Society shall be entitled to such trust fund and to all benefits and advantages under any such trust deed guarantee or document in the same manner and to the same extent and on the same trusts as such trustees held or were entitled to the same.

(3)   Section 8 (Society may act as trustee for certain purposes) of the Act of 1911 is hereby repealed.

*Repeal of Section 8
of Lloyd's Act,
1911.*

(4) *(a)*   Notwithstanding the repeal of the said section 8 any trust deed guarantee document transfer deed of assignment or other instrument of whatsoever nature entered into or made under the powers of that section and in force immediately before the passing of this Act shall continue in full force and effect in every respect and may be enforced as fully and effectually as if that section had not been repealed.

(b)   The mention of particular matters in this subsection shall not be held to prejudice or affect the general application of section 38 (Effect of repeal in future Acts) of the Interpretation Act 1889 with regard to the effect of repeals.

*52 & 53 Vict.
c. 63.*

6.—(1)   Section 9 (Powers to Society with reference to guarantees) of the Act of 1911 shall have effect subject to the following amendments:—

Extension of
powers of Society
with reference to
guarantees.

*Amendments to
Section 9 of
Lloyd's Act, 1911.*

*See now
Lloyds Act, 1982,
Section 15 (1) (c)*

    (a)   In subsection (1) the following provisions shall be and are hereby repealed:—

        (i) the words from the beginning of the subsection to the words "member of the Society" where those words first occur;
        (ii) paragraphs (A) and (B) of the proviso;

    (b)   The following subsection shall be substituted for subsection (3):—

        "(3) The Society shall notify the Board of Trade of any guarantee given by the Society pursuant to this section and shall furnish to the Board of Trade such further information (if any) in relation to such guarantee as the Board may at any time require."

(2)   The schedule to the Act of 1911 is hereby repealed.

*Repeal of Schedule
to Lloyd's Act,
1911.*

LLOYD'S ACTS.

LLOYD'S ACT, 1982.

PUBLISHED BY THE CORPORATION OF LLOYD'S,
LIME STREET, LONDON EC3.

A.D. 1951.

———

Miscellaneous
amendments of
Lloyd's Acts.

7.—(1)   In section 20 (Exclusion from membership for violation of funda-
mental rules &c.) of the Act of 1871 the words "the Arbitration Act 1950 or
any statutory modification or re-enactment thereof for the time being in force"
shall be substituted for the words "the Common Law Procedure Act 1854
relative to arbitrations."

9 & 10 Geo. VI.
c. 28.

(2)   In section 10 (Power to apply capital stock &c. to meet deficiency of
guarantors &c.) of the Act of 1911 the words "and the Assurance Companies
Act 1946 or any statutory modification or re-enactment thereof for the time
being in force" shall be inserted after the words "the Assurance Companies
Act 1909" wherever those words occur.

Costs of Act.

8.   The costs charges and expenses of and incidental to the preparing
applying for obtaining and passing of this Act shall be paid by the Society.

<u>*NOTE.*</u>

The words appearing in the following Lloyd's Act in italics and the marginal notes printed in italics do not form part of the original text or marginal headings of the Act.

Where a Section of the Act has been repealed, it is not produced in the text, but a marginal note indicates the date of repeal.

The Lloyd's Act, 1888, the Lloyd's Signal Stations Act, 1888, and the Lloyd's Act, 1925 have been wholly repealed.

LLOYD'S ACT, 1982.

ARRANGEMENT OF SECTIONS.

LLOYD'S ACT, 1982.

CHAPTER XIV.

An Act to establish a Council of Lloyd's; to define the functions and powers of the said Council; to amend and repeal certain provisions of Lloyd's Acts 1871 to 1951; and for other purposes. A.D. 1982

[23rd July, 1982.]

WHEREAS—

(1)   By Lloyd's Act 1871 certain persons were united into a society or corporation for the purposes of that Act and were incorporated by the name of Lloyd's (hereinafter referred to as "the Society") and various powers were conferred upon the Society by the said Act: 1871 c. xxi.

(2)   By the said Act of 1871 there was established a committee of members of the Society called the Committee of Lloyd's to have the management and superintendence of the affairs of the Society and to exercise all the powers of the Society (except as in the said Act provided), subject to control and regulation by a general meeting of the members of the Society:

(3)   By the said Act of 1871 the members of the Society in general meeting were empowered to make byelaws for the purposes provided in that Act and generally for the better execution of the Act and the furtherance of the objects of the Society, and byelaws have from time to time been so made:

(4)   Further powers were conferred on the Society and on the members of the Society in general meeting by Lloyd's Act 1911, Lloyd's Act 1925 and Lloyd's Act 1951: 1911 c. lxii.
1925 c. xxvi.
1951 c. viii.

(5)   Since 1968 the number of persons resident outside the United Kingdom admitted as members of the Society and the total number of members of the Society have both greatly increased so that it is no longer practical or expedient for the members of the Society to exercise in general meeting the powers reserved to them by the Acts hereinbefore mentioned:

(6)   It is expedient in order to enable the Society to regulate the management of its affairs in accordance with both present-day requirements and practice and the interests of Lloyd's policyholders that—

   (*a*)   there should be established a Council of Lloyd's to have control over the management and regulation of the affairs of the Society;

(*b*)   the said Council should have power to make byelaws for the purposes of such management and regulation, including byelaws making provision for and regulating the admission, suspension and disciplining of members of the Society, Lloyd's brokers, underwriting agents and others; and

(*c*)   certain provisions in Lloyd's Acts 1871 to 1951 should be amended or repealed:

(7)   It is expedient that the other provisions contained in this Act should be enacted:

(8)   The purposes of this Act cannot be achieved without the authority of Parliament:

May it therefore please Your Majesty that it may be enacted, and be it enacted, by the Queen's most Excellent Majesty, by and with the advice and consent of the Lords Spiritual and Temporal, and Commons, in this present Parliament assembled, and by the authority of the same, as follows:—

Citation.

1.—(1)   This Act may be cited as Lloyd's Act 1982.

(2)   Lloyd's Acts 1871 to 1951 and this Act may be cited together as Lloyd's Acts 1871 to 1982.

Interpretation.

2.—(1)   In this Act, unless the context otherwise requires—

"the Act of 1871" and "the Act of 1911" mean respectively Lloyd's Act 1871 and Lloyd's Act 1911;

1871 c. xxi.

"annual subscriber" means a person admitted to the Room as an annual subscriber;

"Appeal Tribunal" means the appeal tribunal established pursuant to section 7 (1) (*b*) of this Act;

"associate" means a person admitted to the Room as an associate;

"the Committee" means the committee constituted by section 5 of this Act;

"the Council" means the council constituted by section 3 of this Act;

"director" includes any person occupying the position of director by whatever name called;

"Disciplinary Committee" means a disciplinary committee established pursuant to section 7 (1) (*a*) of this Act;

"external member of the Council" means a member of the Council elected pursuant to section 3 (2) (*b*) of this Act;

"external member of the Society" means a member of the Society who is not a working member of the Society;

"Lloyd's broker" means a partnership or body corporate permitted by the Council to broke insurance business at Lloyd's;

"manager" in relation to a Lloyd's broker or underwriting agent, means a
person who exercises managerial functions under the immediate
authority of the board of directors, or any member thereof, or of the
partners, or any one of them, as the case requires, of the Lloyd's
broker or underwriting agent;

"member of the Society" means a person admitted to membership of the
Society;

"nominated member of the Council" means a member of the Council
appointed pursuant to section 3 (2) (c) of this Act;

"non-underwriting member" means a member of the Society who is not
an underwriting member;

"related company", in relation to any company, means any body
corporate—

    (a)   which is that company's subsidiary; or

    (b)   of which that company is a subsidiary; or

    (c)   which is a subsidiary of that company's holding
        company;

and "holding company" shall have the meaning given by section
154 of the Companies Act 1948 which shall be construed with any
necessary modifications where applied to a company incorporated
under the law of a country outside the United Kingdom;

"the Room" means the principal room or rooms in the Society's
premises in the city of London for the time being designated by the
Council for the purposes of underwriting;

"the Society" means the society incorporated by the Act of 1871 by the
name of Lloyd's;

"special resolution" means a resolution of the Council passed by
separate majorities of both—

    (a)   all the working members of the Council for the time
        being; and

    (b)   all the members for the time being of the Council
        who are not working members of the Council as
        aforesaid, that is to say, the external members of
        the Council and the nominated members of the
        Council;

"subsidiary" shall have the meaning given by section 154 of the
Companies Act 1948 which shall be construed with any necessary
modifications where applied to a company incorporated under the
law of a country outside the United Kingdom;

"underwriting agent" means a person permitted by the Council to act as
an underwriting agent at Lloyd's;

A.D. 1982

1948 c. 38.

1948 c. 38.

A.D. 1982

"underwriting member" means a person admitted to the Society as an underwriting member;

"working member of the Council" means a member of the Council elected pursuant to section 3 (2) (*a*) of this Act;

"working member of the Society" means—

 (*a*) a member of the Society who occupies himself principally with the conduct of business at Lloyd's by a Lloyd's broker or underwriting agent; or

 (*b*) a member of the Society who has gone into retirement but who immediately before his retirement so occupied himself.

(2) For the purposes of this Act (except sections 10, 11 and 12)—

 (*a*) a person controls a partnership or body corporate if—

  (i) the partners of the partnership, or the directors of the body corporate, or the directors of another company of which the body corporate is a subsidiary, are accustomed to act in accordance with that person's directions or instructions (otherwise than by reason only that they act on advice given in a professional capacity); or

  (ii) in the case of a body corporate that person either alone or with any associate or associates (as defined in section 7 (8) of the Insurance Companies Act 1981) is entitled to exercise or control the exercise of one-third or more of the voting power at any general meeting of the body corporate or of another company of which the body corporate is a subsidiary;

1981 c. 31.

 (*b*) a partnership or body corporate is connected with Lloyd's if it is a Lloyd's broker or an underwriting agent, or controls or is controlled by a Lloyd's broker or an underwriting agent, or is owned or controlled by a person who also controls a Lloyd's broker or an underwriting agent.

The Council.

3.—(1) There shall be a Council of Lloyd's.

(2) Subject to subsection (3) below, the members of the Council shall be—

 (*a*) sixteen working members of the Council elected from among the working members of the Society by those members of the Society whose names are shown on Part I of the Register referred to in Schedule 1 to this Act as working members of the Society;

 (*b*) eight external members of the Council elected from among the external members of the Society by those members of the Society whose names are shown on Part II of such Register as external members of the Society;

(*c*)   three nominated members of the Council appointed by the Council
by special resolution, whose appointments shall not take effect
unless and until confirmed by the Governor for the time being of
the Bank of England:

    Provided that a person who is a member of the Society or an
annual subscriber or an associate shall not be eligible for
appointment as a nominated member of the Council.

(3)   The Council may by byelaw increase or decrease the number of its
members and specify the manner in which such increase or decrease may be
effected:

Provided that the number of places available to working members of the
Society at any election to the Council shall be such that if filled by such members
not more than two-thirds of the members of the Council would be working
members of the Council.

(4)   The Council may by byelaw limit the number of places which at any
election to the Council shall be available to working members of the Society who
are—

(*a*)   engaged (as partner, director or employee) or interested in any way
(directly or indirectly) in any one partnership or body corporate
which is connected with Lloyd's, and for the purposes of this
paragraph and any byelaw made hereunder—

   (i)   a body corporate which is controlled by a partnership
connected with Lloyd's or by any partner or
partners therein shall be deemed to form part of
that partnership; and

  (ii)   a related company of a body corporate connected
with Lloyd's shall be deemed to form part of that
body corporate;

(*b*)   principally occupied with such class or classes of insurance
business at Lloyd's or in such capacities as the Council may by
byelaw specify.

(5)   Subject to the provisions of this section, the Council shall by byelaw
regulate—

(*a*)   the conduct of elections of members of the Council, including inter
alia the system of voting at any such election;

(*b*)   the number of members of the Council to be elected at each
election;

(*c*)   eligibility and nomination for membership of the Council;

(*d*)   the term of office of members of the Council;

(*e*)   any other matter connected with any of the aforesaid matters:

Provided that—

   (i)   the term of office of any duly elected or appointed member of the
Council shall not be extended during the term of office of such
member;

A.D. 1982

(ii)   subject to paragraph (iii) below, a working member of the Council shall not be eligible for re-election as a working member of the Council for a term commencing sooner than one year after the expiry of his last previous term as a working member of the Council; and

(iii) the Chairman of Lloyd's and each of the Deputy Chairmen of Lloyd's shall, if the Council shall from time to time so determine in respect of any one (but not more) of their number, be eligible for immediate re-election once only.

The Chairman and Deputy Chairmen of Lloyd's.

4.   The Council shall annually elect from among the working members of the Council a Chairman of the Council, who shall be called the "Chairman of Lloyd's", and two or more Deputy Chairmen of the Council, each of whom shall be called a "Deputy Chairman of Lloyd's".

The Committee.

5.—(1)   There shall be a Committee of Lloyd's.

(2)   The working members of the Council shall constitute the Committee.

(3)   The Committee shall annually elect—

(a)   the Chairman of the Council, or such other member of the Committee as it thinks fit, to be the Chairman of the Committee; and

(b)   the Deputy Chairmen of the Council, or such two or more members of the Committee as it thinks fit, to be the Deputy Chairmen of the Committee.

Powers of the Council and of the Committee.

6.—(1)   The Council shall have the management and superintendence of the affairs of the Society and the power to regulate and direct the business of insurance at Lloyd's and it may lawfully exercise all the powers of the Society, but all powers so exercised by the Council shall be exercised by it in accordance with and subject to the provisions of Lloyd's Acts 1871 to 1982 and the byelaws made thereunder.

(2)   The Council may—

(a)   make such byelaws as from time to time seem requisite or expedient for the proper and better execution of Lloyd's Acts 1871 to 1982 and for the furtherance of the objects of the Society, including such byelaws as it thinks fit for any or all of the purposes specified in Schedule 2 to this Act; and

(b)   amend or revoke any byelaw made or deemed to have been made hereunder.

(3)   Any byelaw made under this Act and any amendment or revocation of any byelaw so made or deemed to have been so made shall be made by special resolution.

(4) (a)   If, within 60 days of the promulgation of any byelaw or the promulgation of any amendment to or revocation of any byelaw, or within such longer period as the Council may determine, a notice in writing signed by not less than 500 members of the Society is served upon the Council requesting that such

byelaw, amendment or revocation be submitted to the members of the Society in
general meeting, the Council shall convene a general meeting of the Society for
that purpose.

A.D. 1982

(*b*) If, at a meeting of the members of the Society convened pursuant to
paragraph (*a*) above, a resolution to revoke such byelaw or amendment or to
annul such revocation is passed by a majority of members voting in person or by
proxy and the number of members voting in favour of such resolution represents
at least one-third of the total membership of the Society, such byelaw,
amendment or revocation shall thereby be revoked or annulled, as the case may
be.

(*c*) A resolution passed pursuant to paragraph (*b*) above shall not affect
anything done or omitted to be done before the resolution is passed, and in
particular—

(i)   in the case of a resolution revoking a byelaw or amendment, shall
not affect the previous operation of the byelaw or amendment;

(ii)   in the case of a resolution annulling the revocation of a byelaw,
shall revive the byelaw only from the date of the resolution.

(*d*) The Council shall by byelaw regulate the calling and conduct of
meetings convened pursuant to paragraph (*a*) above and the system of voting
thereat.

(5) Subject to subsections (6) and (10) of this section, the Council may, by
special resolution, delegate the exercise of such of its powers or functions under
this Act as are not required to be exercised by special resolution to any one or
more of the following, that is to say:—

(*a*)   the Chairman of Lloyd's;

(*b*)   a Deputy Chairman of Lloyd's;

(*c*)   the Committee;

(*d*)   the Chairman of the Committee;

(*e*)   a Deputy Chairman of the Committee.

(6) The Council may, by special resolution, delegate—

(*a*)   to the Committee but not otherwise—

(i)   the making of regulations regarding the business of
insurance at Lloyd's; and

(ii)   the carrying out or exercise of any duties, responsi-
bilities, rights, powers or discretions imposed or
conferred upon the Council by any enactment
(other than an enactment in this Act) or regulation
made in pursuance thereof or by any other
instrument having the effect of law or by any other
document or arrangement whatsoever, whether or
not such enactment, regulation, instrument, docu-
ment, or arrangement shall be in force or in

existence on the day when this Act comes into force, in so far as such delegation is not prohibited by any enactment, regulation, instrument, document or arrangement;

(*b*)   to the Committee or to the Chairman of the Committee or to a Deputy Chairman of the Committee but not otherwise the giving of directions regarding the business of insurance at Lloyd's to any member of the Society, Lloyd's broker, underwriting agent, director or partner of a Lloyd's broker or underwriting agent or person who works for a Lloyd's broker or underwriting agent in such capacity as may be specified by the Council (whether or not the acts required to be done or not done by such direction are already required to be done or not done by the provisions of Lloyd's Acts 1871 to 1982, or of byelaws made thereunder, or of such regulations as are referred to in paragraph (*a*) (i) above).

(7)   Nothing in subsections (5) and (6) above shall operate to limit the power of the Council or of the Committee to act by persons, committees, sub-committees or other bodies of persons, whose members may include persons who are not members of the Society, or by the employees of the Society.

(8) (*a*)   Within 7 days of the making of any regulation by the Committee in the exercise of powers delegated pursuant to subsection (6) above, the Committee shall give notice thereof to the Council and within 60 days of the making of such regulation a member of the Council may, by notice in writing to the Council, request that such regulation be ratified by the Council by special resolution, but, subject to the provisions of paragraph (*b*) below, such regulation shall remain in full force and effect and nothing done in pursuance of it shall be invalidated.

(*b*)   If, upon a vote of the Council pursuant to a request under paragraph (*a*) above, such regulation is not ratified by special resolution it shall thereupon cease to have effect provided that if no vote pursuant to such request is taken within 60 days following the receipt by the Council of such request such regulation shall upon the expiry of such period cease to have effect.

(*c*)   A regulation ratified by the Council by special resolution shall be deemed for the purposes of subsection (4) above to be a byelaw made by the Council in the exercise of its powers under subsection (2) above.

(9)   A direction given by the Chairman of the Committee or a Deputy Chairman of the Committee in the exercise of powers delegated pursuant to paragraph (*b*) of subsection (6) above shall cease to have effect after 7 days unless continued by the Committee.

(10)   A delegation under this section is revocable by special resolution of the Council and shall not prevent the exercise of a power or the performance of a function by the Council itself.

(11)   No act or proceeding of the Council or Committee shall be invalidated in consequence only of there being—

(*a*) a vacancy or vacancies in the membership of the Council or Committee at the time of such act or proceeding being done or taken; or

(*b*) some defect in the election or appointment of any member of the Council or Committee.

7.—(1) The Council shall by byelaw—

(*a*) (i) establish, provide for the constitution of and define the powers of a Disciplinary Committee or Committees, provided that the majority of the members of any such Disciplinary Committee shall be members of the Society (who need not be members of the Council); and

(ii) subject to subsection (3) below, specify the grounds upon which in furtherance of the objects of the Society disciplinary proceedings may be instituted against and penalties or sanctions may be imposed upon any member of the Society, annual subscriber, Lloyd's broker, underwriting agent or such other class of persons as may be so specified;

(*b*) (i) establish, provide for the constitution of and define the powers of an Appeal Tribunal to hear and determine appeals (whether or not in the exercise of its disciplinary powers and functions), provided that the President and Deputy President of such Appeal Tribunal, who shall both be appointed by the Council, shall not be members of the Society; and

(ii) specify the class or classes of decisions, findings, orders, acts or omissions against which there shall lie a right of appeal to such Appeal Tribunal.

(2) All disciplinary powers and functions of the Council, except the power to confirm, modify or grant dispensation in respect of any penalty or sanction imposed by a Disciplinary Committee or the Appeal Tribunal, shall be exercisable only by a Disciplinary Committee and, in respect of appeals which lie from decisions, findings, orders, acts or omissions of a Disciplinary Committee, only by the Appeal Tribunal.

(3) The grounds upon which disciplinary proceedings may be instituted and penalties or sanctions may be imposed by virtue of byelaws made pursuant to subsection (1) above, may include breach of or failure to observe any regulation or direction made or given pursuant to subsection (6) of section 6 (Powers of the Council and of the Committee) of this Act, provided that:

(*a*) no penalty or sanction shall be imposed for any breach of or failure to observe any regulation made by the Committee which has ceased to have effect in the circumstances specified in subsection (8) of the said section 6;

A.D. 1982
———

The Disciplinary Committee and the Appeal Tribunal.

A.D. 1982

(*b*) no penalty or sanction shall be imposed for any breach of or failure to observe any direction given by the Chairman of the Committee or a Deputy Chairman of the Committee unless and until such direction has been ratified by the Committee;

(*c*) any person in relation to whom a direction is given may, by notice in writing to the Council, request that the same be ratified by the Council, by special resolution, as soon as practicable, and in default of such ratification no penalty or sanction shall be imposed for such breach or failure, provided that pending such ratification the direction shall remain in full force and effect and nothing done in pursuance of it shall be invalidated.

(4) (*a*) For the purpose of any proceedings before a Disciplinary Committee or the Appeal Tribunal the Disciplinary Committee or the Appeal Tribunal may administer oaths, and any party to the proceedings may sue out writs of subpoena ad testificandum and duces tecum, but no person shall be compelled under any such writ to produce any document which he could not be compelled to produce on the trial of an action.

1981 c. 54.

(*b*) The provisions of section 36 of the Supreme Court Act 1981 (which provide a special procedure for the issue of such writs so as to be in force throughout the United Kingdom) shall apply in relation to any proceedings before a Disciplinary Committee or the Appeal Tribunal as they apply in relation to causes or matters in the High Court.

(5) Any person other than a member of the Society in respect of whom disciplinary proceedings are taken under this Act shall be deemed for the purposes of paragraph 8 of Part II of the Schedule to the Defamation Act 1952 to be a person who is subject by virtue of a contract to the control of the Society.

1952 c. 66.

Insurance business.

8.—(1) An underwriting member shall be a party to a contract of insurance underwritten at Lloyd's only if it is underwritten with several liability, each underwriting member for his own part and not one for another, and if the liability of each underwriting member is accepted solely for his own account.

(2) An underwriting member (not being himself an underwriting agent) shall underwrite contracts of insurance at Lloyd's only through an underwriting agent.

(3) An underwriting member shall in the course of his underwriting business at Lloyd's accept or place business only from or through a Lloyd's broker or such other person as the Council may from time to time by byelaw permit.

(4) Breach of any of subsections (1) to (3) above shall constitute an act or default in respect of which disciplinary proceedings may be brought in accordance with byelaws made under section 7 (The Disciplinary Committee and the Appeal Tribunal) of this Act.

Cessation of membership on bankruptcy.

9. In the event of a member of the Society being adjudicated bankrupt, or being adjudicated or declared insolvent, by the due process of law of a country within the European Economic Community the Council shall forthwith declare his membership to have ceased:

Provided that if such adjudication or declaration is set aside on appeal or otherwise the Council shall take immediate action to cancel its declaration.

A.D. 1982

10.—(1) Save as provided in subsections (3) and (4) of this section, the Council shall not permit a person to act as a Lloyd's broker if that person is a managing agent or is associated with a managing agent.

Restrictions affecting Lloyd's brokers.

(2) A person is for the purposes of this section associated with a managing agent if that person is a partner in or, subject to paragraph (*h*) of subsection (1) of section 12 (Interpretation of sections 10 and 11) of this Act, owns any interest in a managing agent or if that person supplies the services of an individual who works regularly or from time to time in a relevant capacity for a managing agent.

(3) If at the date of commencement of this Act a person who is a Lloyd's broker is associated with a managing agent subsection (1) above shall not apply by reason of such association to that Lloyd's broker for five years from that date:

Provided that if during such period of five years any change shall occur in the factors by reason of which the Lloyd's broker is so associated (other than a change which results in a termination of such association), which the Council shall determine to be a change which is relevant for the purpose of this section, subsection (1) above shall thereupon apply to that Lloyd's broker by reason of such association.

(4) If at any time after the date of commencement of this Act a Lloyd's broker becomes associated with a managing agent, the Council may permit the Lloyd's broker to continue to broke insurance business at Lloyd's for such period not exceeding six months as the Council may specify on terms that the Lloyd's broker shall, on or before the expiry of such period, either cease to be associated with such managing agent or cease to be a Lloyd's broker:

Provided that in an exceptional case, in which a longer period than six months is shown to the satisfaction of the Council to be necessary for the purpose of the due administration of the estate of a deceased individual, the Council may permit a further continuance of the association only for such period as is necessary for such purpose.

11.—(1) Save as provided in subsections (4) and (5) of this section, the Council shall not permit a person to act as a managing agent if that person is a Lloyd's broker or is associated with a Lloyd's broker.

Restrictions affecting managing agents.

(2) A person being a partnership or body corporate is for the purposes of this section associated with a Lloyd's broker if that person is a partner in, or, subject to paragraph (*h*) of subsection (1) of section 12 (Interpretation of sections 10 and 11) of this Act, owns any interest in a Lloyd's broker.

(3) A person being an individual is for the purposes of this section associated with a Lloyd's broker if that individual is a partner in, or is a director of, or subject to paragraph (*h*) of subsection (1) of the said section 12, owns any interest in a Lloyd's broker.

(4) If at the date of commencement of this Act a person who is a managing agent is associated with a Lloyd's broker subsection (1) above shall not apply by reason of such association to that managing agent for five years from that date:

Provided that if during such period of five years any change shall occur in the factors by reason of which the managing agent is so associated (other than a change which results in a termination of such association), which the Council shall determine to be a change which is relevant for the purpose of this section, subsection (1) above shall thereupon apply to that managing agent by reason of such association.

(5) If at any time after the date of commencement of this Act a managing agent becomes associated with a Lloyd's broker, the Council may permit the managing agent to continue to act as such managing agent for such period not exceeding six months as the Council may specify on terms that the managing agent shall, on or before the expiry of such period, either cease to be associated with such Lloyd's broker or cease to be a managing agent:

Provided that in an exceptional case, in which a longer period than six months is shown to the satisfaction of the Council to be necessary for the purpose of the due administration of the estate of a deceased individual, the Council may permit a further continuance of the association only for such period as is necessary for such purpose.

Interpretation of sections 10 and 11.

12.—(1) For the purposes solely of section 10 (Restrictions affecting Lloyd's brokers) and section 11 (Restrictions affecting managing agents) of this Act:—

(*a*) "managing agent" shall mean a person who is permitted by the Council in the conduct of his business as an underwriting agent to perform for an underwriting member one or more of the following functions:—

    (i) underwriting contracts of insurance at Lloyd's;

    (ii) reinsuring such contracts in whole or in part;

    (iii) paying claims on such contracts;

and references to a "managing agent" shall include in addition—

    (A) if a managing agent is a body corporate, any holding company and any person who controls the managing agent or any holding company;

    (B) if a managing agent is a partnership, any person who is a partner in such partnership, and any person who controls such partnership or a partner in such partnership;

(*b*) in addition to the meaning set out in section 2 (1) of this Act, references to a "Lloyd's broker" shall include—

    (i) if the Lloyd's broker is a body corporate, any holding company and any person who controls the Lloyd's broker or any holding company;

    (ii) if the Lloyd's broker is a partnership, any person who is a partner in such partnership and any person who controls such partnership or a partner in such partnership;

(*c*) references to "that person" when applied to a body corporate shall include, in addition to that body corporate—

    (i) any related company;

    (ii) any person who controls or is controlled by that body corporate or any related company;

    (iii) any director of that body corporate or of any related company;

(*d*) references to "that person" when applied to a partnership shall include, in addition to that partnership—

    (i) any partner in that partnership;

    (ii) any person who controls or is controlled by that partnership;

    (iii) any body corporate which any partner in that partnership controls;

    (iv) any body corporate which is a related company of a partner in that partnership;

    (v) any director of any body corporate falling within sub-paragraph (iii) or (iv) of this paragraph;

(*e*) references to "that individual" shall include, in addition to that individual—

    (i) the spouse of that individual;

    (ii) the minor children and step-children of that individual;

    (iii) the trustees of any settlement in relation to which that individual is a settlor;

    (iv) the trustees of any settlement of which that individual or that individual's spouse or minor children or step-children is or are beneficiaries;

    (v) any body corporate which that individual or any of the persons specified in sub-paragraphs (i) to (iv) of this paragraph controls:

Provided that in any particular case the Council may determine that this paragraph shall not apply so as to include the spouse of an individual where that spouse is or proposes to become, or works or proposes to work substantially full-time for, a person who is, or who by this section is included as, a Lloyd's broker or a managing agent;

(*f*) paragraph (*e*) above shall apply with all necessary modifications in relation to references to a "director" or to a "partner" where the director or partner is an individual;

(*g*) subject to paragraph (*h*) below, a person owns an interest in a body corporate if he has a beneficial interest in, or being the trustee of a settlement has an interest in, any of the stock, shares or other securities of the body corporate;

A.D. 1982

A.D. 1982

(*h*) a person shall not be treated as owning an interest in a body corporate by reason only of such person having an interest in not more than 5 per cent. in nominal amount of that body corporate's stock, shares or other securities, or any class thereof, which are authorised to be dealt in on a stock exchange or are traded in any over-the-counter market, and in either case are so dealt in or traded regularly or from time to time and in ascertaining in any case whether this paragraph applies:—

  (i) a person being a body corporate shall be treated as also having an interest in any stocks, shares or securities in which any related company, or in which any person who controls or who is controlled by that body corporate or related company has an interest;

  (ii) a person being a partnership shall be treated as also having an interest in any stocks, shares or securities in which any person to whom in relation to such partnership reference is made in sub-paragraphs (i) to (iv) of paragraph (*d*) above has an interest;

  (iii) a person, being an individual, who is a director or a partner, shall be treated as also having an interest in any stocks, shares or securities in which anyone to whom reference is made in relation to such person in paragraph (*e*) above has an interest;

(*i*) an individual works in a relevant capacity for a managing agent if he personally carries out one or more of the functions referred to in paragraph (*a*) above:

(2) For the purposes of subsection (1) above—

(*a*) "securities" in relation to any body corporate means any debentures, debenture stock, loan stock or bonds, and any other securities under which the consideration given by the body corporate for the use of the principal secured is to any extent dependent on the results of the body corporate's business or any part of it, or under which the consideration so given represents more than a reasonable commercial return for the use of that principal;

1970 c. 10.

(*b*) "settlement" and "settlor" shall have the same meanings as in section 454(3) of the Income and Corporation Taxes Act 1970;

(*c*) a person controls a partnership or body corporate if—

  (i) the partners in the partnership, or the directors of the body corporate, or the directors of another company of which the body corporate is a subsidiary are accustomed to act in accordance with the directions or instructions of such person or are accustomed or directed to act on the joint directions or instructions of such person and others (otherwise than by reason only that they act on advice given in a professional capacity); or

(ii)   in the case of a body corporate such person either alone or with any associate or associates is entitled to exercise or control the exercise of one-third or more of the voting power at any general meeting of the body corporate or of another company of which the body corporate is a subsidiary or such person has an associate or associates who are so entitled; and in this sub-paragraph—

(A)   "associate" in relation to any individual means any person referred to in paragraph (*e*) of subsection (1) above;

(B)   "associate" in relation to a body corporate means any related company of that body corporate, and any director of that body corporate or related company; and

(*d*)   in determining whether a person controls a body corporate for the purposes of sub-paragraphs (A) and (B) of paragraph (*a*) and sub-paragraphs (i) and (ii) of paragraph (*b*) of subsection (1) above the words in paragraph (*c*) (ii) of this subsection "or such person has an associate or associates who are so entitled" shall not apply to cause a person to be associated unless the person or a subsidiary of the person owns an interest in the company.

(3)   This section, section 10 (Restrictions affecting Lloyd's brokers) and section 11 (Restrictions affecting managing agents) of this Act shall be applied and construed with any necessary modifications with respect to any partnership, body corporate or other entity whatsoever created, or incorporated, in or under the law of a country outside the United Kingdom.

13.—(1)   Sections 34, 36 and 448 of the Companies Act 1948 (execution of deeds abroad, authentication of documents and relief for the liabilities of officers and auditors of a company) are hereby incorporated in this Act and shall apply to the Society, the Council, the Committee and officers and auditors of the Society in like manner mutatis mutandis as they apply to a company (as defined by the Companies Act 1948), its officers and auditors.

(2)   For the purpose of this Act any member of the Council and any person to whom (whether individually or collectively) any powers or functions are delegated under this Act is to be regarded as an officer of the Society.

14.—(1)   This section shall only exempt the Society from liability in damages at the suit of a member of the Lloyd's community.

A.D. 1982

Application of certain provisions of Companies Act 1948.
1948 c. 38.

1948 c. 38.

Liability of the Society, etc.

(2)   For the purposes of this section a member of the Lloyd's community shall be—

    (*a*)   a person who is—

        (i)   a member of the Society;

        (ii)   a Lloyd's broker;

        (iii)   an underwriting agent;

        (iv)   an annual subscriber;

        (v)   an associate;

        (vi)   a director or partner of a Lloyd's broker or an underwriting agent;

        (vii)   a person who works for a Lloyd's broker or underwriting agent as a manager; or

    (*b*)   a person who has been a member of the Lloyd's community in one or more of the capacities listed in paragraph (*a*) above; or

    (*c*)   a person who is seeking or who has sought to become a member of the Lloyd's community in one or more of the capacities listed in paragraph (*a*) above.

(3)   Subject to subsections (1), (4) and (5) of this section, the Society shall not be liable for damages whether for negligence or other tort, breach of duty or otherwise, in respect of any exercise of or omission to exercise any power, duty or function conferred or imposed by Lloyd's Acts 1871 to 1982 or any byelaw or regulation made thereunder—

    (*a*)   in so far as the underwriting business of any member of the Society or the costs of his membership or the business of any person as a Lloyd's broker or underwriting agent may be affected; or

    (*b*)   in so far as relates to the admission or non-admission to, or the continuance of, or the suspension or exclusion from, membership of the Society; or

    (*c*)   in so far as relates to the grant, continuance, suspension, withdrawal or refusal of permission to carry on business at Lloyd's as a Lloyd's broker or an underwriting agent or in any capacity connected therewith; or

    (*d*)   in so far as relates to the exercise of, or omission to exercise, disciplinary functions, powers and duties; or

    (*e*)   in so far as relates to the exercise of, or omission to exercise, any powers, functions or duties under byelaws made pursuant to paragraphs (21), (22), (23), (24) and (25) of Schedule 2 to this Act;

unless the act or omission complained of—

    (i)   was done or omitted to be done in bad faith; or

    (ii)   was that of an employee of the Society and occurred in the course of the employee carrying out routine or clerical duties, that is to say duties which do not involve the exercise of any discretion.

(4)   Nothing in this section shall affect any liability of the Society in respect of the death of or personal injury to any person, and for the purposes of this section the expression "personal injury" means bodily injury, any disease and any impairment of a person's physical or mental condition.

(5)   Nothing in this section shall exempt the Society from liability for libel or slander.

(6)   For the purposes of this section "the Society" means the Society itself and also any of its officers and employees and any person or persons in or to whom (whether individually or collectively) any powers or functions are vested or delegated by or pursuant to Lloyd's Acts 1871 to 1982.

15.—(1)   Subject to the provisions of Schedule 4 to this Act—

(*a*)   the enactments specified in Schedule 3 to this Act are hereby repealed to the extent specified in that Schedule;

(*b*)   for section 7 (Purposes for which capital stock &c. to be held by Society) of the Act of 1911 there shall be substituted the following section:—

"7. The Society shall hold the funds and property of the society and the income therefrom for all or any of the following purposes:—

(*a*)   for defraying the costs, charges and expenses incurred by the Society, the Council or otherwise in the execution and carrying out of Lloyd's Acts 1871 to 1982;

(*b*)   for furthering the objects of the Society;

(*c*)   for making good any default by any member of the Society under any contract of insurance underwritten at Lloyd's which in the opinion of the Council it is in the interests of the members of the Society to make good;

(*d*)   for guaranteeing or securing, in such manner as the Council think fit, any debt or obligation of or binding on the Society, any of its subsidiaries or any other person;

(*e*)   for such other purposes (if any) as may from time to time be prescribed by byelaw;

and subject thereto for the benefit of the members of the Society jointly.";

(*c*)   for section 9 (Powers to Society with reference to guarantees) of the Act of 1911 there shall be substituted the following section:—

"9. Without prejudice to the provisions of section 7 of this Act the Society may either by itself or jointly with any other guarantor or guarantors guarantee the payment of claims and demands upon contracts of insurance underwritten at Lloyd's and the Society may for such purposes enter into contracts and may apply the funds and property of the Society and the

A.D. 1982

Repeals and
amendments.

A.D. 1982

income therefrom or any part thereof for the purpose of discharging any liabilities of the Society under any guarantees or contracts as aforesaid and the powers conferred on the Society by this section may be exercised by the Council in accordance with byelaws made under Lloyd's Act 1982.";

1951 c. viii.

(*d*)   in subsection (1) of section 5 (Society may act as trustee for certain purposes) of Lloyd's Act 1951 the words "relating to the insurance business carried on at Lloyd's by members of or annual subscribers to the Society" shall be omitted.

(2)   Subject to the provisions of this Act—

(*a*)   any enactment (other than an enactment in this Act) or any other instrument having the effect of law; and

(*b*)   any other document or arrangement whatsoever;

which is in existence before the first meeting of the Council held pursuant to paragraph 7 of Schedule 4 to this Act and which refers or relates to the Society or to the business carried on by persons as members of the Society or as Lloyd's brokers or underwriting agents shall on and after such meeting have effect subject to any necessary modifications as if for any reference however worded and whether express or implied—

(i)   to the Committee of Lloyd's constituted by the Act of 1871 there were substituted a reference to the Council; and

(ii)   to the Chairman or a Deputy Chairman of that Committee or to the Chairman or a Deputy Chairman of Lloyd's there were substituted a reference to the Chairman of the Council or a Deputy Chairman of the Council, as the case may be:

Provided that any such reference shall be a reference to the Committee of Lloyd's constituted by this Act or to the Chairman or a Deputy Chairman of the Committee so constituted in any case where, having regard to the power or any exercise of the power of delegation conferred on the Council by this Act, the context so requires.

Existing byelaws to continue in force.

16.   Any byelaw made under Lloyd's Acts 1871 to 1951 shall be deemed to have been made by the Council in the exercise of its power under this Act and subject to the provisions of Schedule 4 to this Act such byelaws shall continue in full force and effect unless and until revoked by the Council pursuant to the said power.

Transitional provisions.

17.   The transitional provisions contained in Schedule 4 to this Act shall have effect.

Costs of Act.

18.   The costs, charges and expenses of and incidental to the preparing, applying for, obtaining and passing of this Act shall be paid by the Society.

SCHEDULES

SCHEDULE 1

CLASSIFICATION OF MEMBERS OF THE SOCIETY

1. The Council shall keep and maintain a Register to be revised as at the first day of July in each year (or such other day or days as the Council may by byelaw provide) which shall be divided into two parts and shall show in Part I thereof the names of all those members of the Society who were classified as working members of the Society as at that date and in Part II thereof the names of all those members of the Society who were classified as external members of the Society as at that date.

2. A member of the Society may object to his or another member's classification on the Register and the Council shall by byelaw make provision for the determination of such an objection.

3. A member of the Society may appeal against a determination under paragraph 2 above to a committee of the Council consisting of one working member, one external member and one nominated member of the Council whose decision shall be conclusive and the Council shall by byelaw make provision for the hearing and determination of such an appeal.

4. In any election to the Council a member of the Society shall be entitled and only entitled to vote as a working member of the Society or as an external member of the Society according to his classification on the Register on the date on which notice of such election is given.

5. Such Register shall be available for inspection by a member of the Society upon request at the premises of the Society in the city of London, or such other place as the Council shall specify.

SCHEDULE 2

PURPOSES FOR WHICH BYELAWS MAY BE MADE

Without prejudice to the generality of the powers vested in the Council by subsection (2) of section 6 (Powers of the Council and of the Committee) of this Act, the Council may pursuant to that section make byelaws for the following purposes:—

(1) For regulating the admission to the Society of members as either underwriting members or non-underwriting members, for regulating continuing membership of the Society and for regulating the manner and circumstances in which members may be excluded from membership of the Society, and so that any byelaws made for such purposes may impose or provide for conditions and requirements to be satisfied or complied with on admission or during membership, which conditions and requirements—

    (a) may from time to time be added to, altered or withdrawn;

    (b) may include the requirement to give undertakings;

(*c*)   may apply to all or any class of underwriting members and as to the whole or any class of their underwriting business; and

(*d*)   may be imposed notwithstanding any inconsistency therein with any contract subsisting at the commencement of this Act between the Society and any member of the Society:

Provided that, without prejudice to the powers of the Council to require an underwriting member to cease or reduce the level of his underwriting at Lloyd's, a member of the Society shall not be excluded from membership for breach of a byelaw or failure to satisfy a condition, requirement or undertaking where such breach or failure consists solely of his inability to satisfy a financial qualification contained in such byelaw, conditions, requirement or undertaking, which was not applicable on the date he became an underwriting member or, where he has subsequently increased the level of his underwriting, on the date his application to do so was duly accepted;

(2)   For requiring an underwriting member to cease to be a member of the Society or to cease underwriting, temporarily or indefinitely, in the event that—

        (*a*)   a receiving order in bankruptcy is made against such member by the due process of law of any country; or

        (*b*)   such member makes or proposes any composition with his creditors or otherwise acknowledges his insolvency; or

        (*c*)   by the due process of law of a country outside the European Economic Community such member is adjudicated bankrupt or is adjudicated or declared insolvent;

and for regulating the procedure to be followed in such event;

(3)   For providing for admission to the Room of annual subscribers, associates, and other persons, for enabling the Council to impose conditions and requirements (including the requirement to give undertakings) as to admission and as to continuing right to admission to the Room and for the grant of tickets for the purpose of conducting business in the Room and the renewal and revocation of such tickets;

(4)   For regulating the fees, subscriptions and other sums to be paid by members of the Society, annual subscribers, associates, Lloyd's brokers, underwriting agents and others;

(5)   For regulating the mode, time and place of summoning and holding general meetings of the Society and the mode of voting and the conduct of proceedings thereat;

(6) For regulating the mode, time and place of summoning and holding meetings of the Council and of the Committee and the quorum and manner of proceedings at meetings of the Council and of the Committee;

(7) For regulating—

(*a*) the manner in which byelaws and the amendment and revocation of byelaws shall be promulgated; and

(*b*) the mode in which the Committee shall make regulations and the manner in which such regulations shall be promulgated;

(8) For regulating the appointment, powers and functions of the Chairman and Deputy Chairmen of Lloyd's and the Chairman and Deputy Chairmen of the Committee;

(9) For regulating the remuneration and indemnification of all or any of the members of the Council;

(10) For regulating—

(*a*) the appointment of other committees of the Council or of sub-committees of the Committee;

(*b*) the appointment of any person or body of persons with a duty to report to the Council or the Committee;

(*c*) the inclusion of persons who are not members of the Society, Lloyd's brokers or underwriting agents in such committees, sub-committees or bodies of persons;

(*d*) the functions of such committees, sub-committees, persons or bodies of persons and the manner in which such functions are to be executed; and

(*e*) the mode, time and place of summoning, and holding meetings of such committees, sub-committees or bodies of persons, and the quorum and manner of proceedings thereat;

(11) For determining and declaring the grounds upon which and for regulating the mode in which a member of the Council, the Committee or any other committee, sub-committee or other body of persons established by or pursuant to this Act shall cease to be a member thereof;

(12) For regulating the grant and renewal of permission to broke insurance business at Lloyd's as a Lloyd's broker, for regulating the continuing right to broke such business and for regulating the manner and circumstances in which such permission may be withdrawn, and so that any byelaws made for such purposes may impose or provide for conditions and requirements to be satisfied

or complied with on the grant and during the continuance of such permission, which conditions and requirements—

    (*a*)   may from time to time be added to, altered or withdrawn;

    (*b*)   may include the requirement to give undertakings;

    (*c*)   may apply to all or any class of Lloyd's brokers and as to the whole or any class of their business of broking insurance; and

    (*d*)   may have the effect that a partnership or body corporate shall not be permitted after a date to be prescribed by the Council to broke insurance business at Lloyd's so long as it (or any related company)—

    (i)   is controlled by such person or class of persons as may be therein specified; or

    (ii)   owns any interest in any underwriting agent or an underwriting agent of such class as may be specified by the Council;

(13) For regulating the grant and renewal of permission to act as an underwriting agent for underwriting members in carrying on their underwriting business at Lloyd's, for regulating the continuing right to act as such an underwriting agent and for regulating the manner and circumstances in which such permission may be withdrawn, and so that any byelaws made for such purposes may impose or provide for conditions and requirements to be satisfied or complied with on the grant and during the continuance of such permission, which conditions and requirements—

    (*a*)   may from time to time be added to, altered or withdrawn;

    (*b*)   may include the requirement to give undertakings;

    (*c*)   may apply to all or any class of underwriting agents and as to the whole or any class of their business as underwriting agents; and

    (*d*)   may have the effect that a person shall not be permitted after a date to be prescribed by the Council to act as such agent so long as—

    (i)   that person owns any interest in an insurance broker, or

    (ii)   where that person is a body corporate, any related company owns any interest in an insurance broker, or

    (iii)   where that person is a body corporate or a partnership, it or any related company is controlled by, or any interest in it is owned by, such person or class of person as may be therein specified;

(14) For providing that permission to carry on business at Lloyd's as a
      Lloyd's broker or as an underwriting agent shall not be granted or
      renewed and that any such permission may be revoked unless the
      Council is satisfied as to all or any of the following matters:—

    (*a*) that the person having control of the Lloyd's broker
      or underwriting agent (being a partnership or body
      corporate) is, by reason of his character and
      suitability, a person who should have control of a
      Lloyd's broker or such an underwriting agent;

    (*b*) that each director or partner of the Lloyd's broker or
      underwriting agent (being a partnership or body
      corporate) is, by reason of his character and
      suitability, a person who should be a director or
      partner of a Lloyd's broker or such an underwriting
      agent;

    (*c*) that each person who works for the Lloyd's broker or
      underwriting agent in such capacity as may be
      specified by the Council is, by reason of his
      character and suitability, a person who should
      work in such capacity for a Lloyd's broker or
      underwriting agent;

(15) For prescribing or regulating terms which are or are not to be
      included in agreements between underwriting agents and
      underwriting members or other underwriting agents;

(16) For requiring that accounts of underwriting syndicates be audited
      and that reports and audited accounts be furnished to members of
      the syndicate and for regulating the form and content of such
      reports and accounts;

(17) For prescribing or regulating information which is to be supplied by
      underwriting agents to persons applying to become members of
      the Society;

(18) For empowering the Council to nominate and appoint an
      underwriting agent (in this paragraph referred to as the
      "substitute agent") to act as agent or sub-agent for an
      underwriting member as to the whole or any part of his
      underwriting business in any case where such member has no
      underwriting agent for the whole or such part of his underwriting
      business or where in the opinion of the Council—

    (*a*) such appointment is in the interests of such member;
      or

    (*b*) it is essential for the proper regulation of the
      business of insurance at Lloyd's;

and to give such directions to any underwriting agent already
acting for such member as may be desirable in connection with
the appointment of the substitute agent;

A.D. 1982

(19) For regulating as among and between underwriting members, Lloyd's brokers, underwriting agents and any other person transacting with underwriting members the business of insurance (whether as principal or agent) or interested therein, the mode in which insurance shall be effected with underwriting members and the periods at which settlements in respect of insurances so effected shall be made;

(20) For empowering the Council to take steps and give undertakings required by or under the law of any country in order to secure authorisation for underwriting members to transact insurance business in or emanating from that country and to require underwriting members, Lloyd's brokers and underwriting agents to comply with undertakings so given;

(21) For requiring members of the Society, Lloyd's brokers, underwriting agents, annual subscribers, associates and substitutes, or any director or partner of a Lloyd's broker or underwriting agent or any person who works for a Lloyd's broker or underwriting agent in such capacity as may be specified by the Council to supply such information to the Council as may be so specified;

(22) (*a*) For empowering the Council to order any inquiry, including an inquiry concerning the affairs of any member of the Society or syndicate of members or any Lloyd's broker or any underwriting agent;

(*b*) For requiring any member of the Society or any director or partner of a Lloyd's broker or underwriting agent or any person who works for a Lloyd's broker or underwriting agent in such capacity as may be specified by the Council to give when required such information as may be in his or its possession or to produce such documents and material as may be in his or its possession or under his or its control relating to the subject-matter of the inquiry;

(*c*) For requiring any person whose affairs have been the subject of any inquiry to pay the costs incurred in connection with the inquiry or to make a contribution thereto;

(23) (*a*) For empowering the Council to order that in or in the course of any such inquiry as is referred to in paragraph (22) of this Schedule investigation be made into frauds or crimes, or circumstances having the appearance of frauds or crimes, practised or attempted or intended to be practised in connection with the business of insurance at Lloyd's;

(*b*) For empowering the Council to take or facilitate the taking of proceedings with a view to the punishment of persons appearing to be responsible for or concerned in any such frauds or crimes;

(*c*)   For empowering the Council to supply to any police constable any information, documents or material in its possession, including any information, documents or material obtained pursuant to byelaws made for the purposes specified in paragraphs (21), (22) (*b*) and (24) of this Schedule;

(24)   For regulating the circumstances in which members of the Society, Lloyd's brokers, underwriting agents, annual subscribers, associates and substitutes, or any director or partner of a Lloyd's broker or underwriting agent or any person who works for a Lloyd's broker or underwriting agent in such capacity as may be specified by the Council may (without being required so to do) give information or produce documents or material to the Council;

(25)   For requiring that, save in so far as the same may be used in disciplinary or criminal proceedings, due confidentiality is preserved with respect to any information supplied or documents or material produced pursuant to byelaws made for the purposes specified in paragraphs (21), (22) (*b*) and (24) of this Schedule, especially in so far as such information, documents or material relate to the affairs of any persons (including principals and clients of Lloyd's brokers and of underwriting agents) other than those supplying or producing such information, documents or material;

(26)   For empowering the Council to suspend (for such maximum period as may be specified by byelaw) any of the following from transacting, or being concerned or interested in the transaction of, the business of insurance at Lloyd's or any class or classes of such business, that is to say:—
    (*a*)   a member of the Society;
    (*b*)   a Lloyd's broker;
    (*c*)   an underwriting agent; or
    (*d*)   any person who works for a Lloyd's broker or an underwriting agent in such capacity as may be specified by the Council;

(27)   For regulating the grounds on which and the manner in which a member of the Society may by disciplinary proceedings be suspended or excluded from membership or required to cease underwriting temporarily, or indefinitely, or subjected to any lesser penalty prescribed by byelaws, including, but not limited to, a fine and the posting of a notice of censure in the Room;

(28)   For regulating the grounds on which and the manner in which permission to broke insurance business at Lloyd's as a Lloyd's broker may by disciplinary proceedings be revoked or suspended, or a Lloyd's broker may be subjected to any lesser penalty prescribed by byelaws, including, but not limited to, a fine and the posting of a notice of censure in the Room;

A.D. 1982

(29) For regulating the grounds on which and the manner in which
      permission to act as an underwriting agent may by disciplinary
      proceedings be revoked or suspended, or an underwriting agent
      may be subjected to any lesser penalty prescribed by byelaws,
      including, but not limited to, a fine and the posting of a notice of
      censure in the Room;

(30) For regulating the grounds on which and the manner in which the
      right of admission to the Room of an annual subscriber may by
      disciplinary proceedings be withdrawn or suspended, or an
      annual subscriber may be subjected to any lesser penalty
      prescribed by byelaws, including, but not limited to, a fine and the
      posting of a notice of censure in the Room;

(31) For requiring—
      (*a*)   a partner or director of a Lloyd's broker or under-
             writing agent; or
      (*b*)   a person who works for a Lloyd's broker or under-
             writing agent in such capacity as may be specified
             by byelaw;
      to undertake to submit to the jurisdiction of the Council and for
      regulating the grounds on and the manner in which such persons
      may by disciplinary proceedings be subjected to any penalty
      prescribed by byelaws including, but not limited to—
      (i)   an order prohibiting or suspending him from being
             concerned in the conduct of business at Lloyd's;
      (ii)   a fine; or
      (iii) the posting of a notice of censure in the Room;

(32) For providing for the recovery of any fine or costs imposed
      pursuant to byelaws as a civil debt;

(33) For regulating the powers of a Disciplinary Committee and the
      Appeal Tribunal, including the power to—
      (*a*)   subject to or join in proceedings before a Disciplinary
             Committee or the Appeal Tribunal and to subject
             to any penalty prescribed by byelaws, a director or
             partner of a Lloyd's broker or underwriting agent
             or a person who works for a Lloyd's broker or
             underwriting agent in such capacity as may be
             specified by the Council;
      (*b*)   require any such person as aforesaid (whether or not
             such person is a party to or otherwise concerned in
             the proceedings) to appear before a Disciplinary
             Committee or the Appeal Tribunal to give
             evidence, or to produce documents and material,
             or both;
      (*c*)   award costs;

A.D. 1982

(34) For regulating the procedures of a Disciplinary Committee and the Appeal Tribunal provided that such byelaws shall provide for a right to a hearing and legal representation if so desired for any person upon whom a penalty may be imposed or against whom an order may be made;

(35) For regulating the procedure whereby the Council—

  (*a*) confirms, modifies or grants dispensation in respect of any penalty imposed by a Disciplinary Committee or the Appeal Tribunal; and

  (*b*) publishes its decision and any penalty imposed;

(36) For providing for the establishment and constitution of an Arbitration Panel to hear and determine disputes relating to the business of insurance at Lloyd's, for determining the matters to be referred for arbitration to the Arbitration Panel, for requiring parties to such disputes to refer them to the Arbitration Panel for arbitration and for regulating the conduct of any such arbitration proceedings;

(37) For regulating the manner, terms and restrictions in, on and subject to which intelligence and information may be supplied to members of the Society and others;

(38) For providing for the establishment and maintenance of a scheme for the protection of Lloyd's policyholders, underwriting members and others in the event of the default of a Lloyd's broker and for empowering the Council to require Lloyd's brokers and others to be parties to and to contribute to such scheme as a condition or requirement of the grant or renewal of permission to broke insurance business at Lloyd's as a Lloyd's broker or otherwise;

(39) For regulating the use of the Room by members of the Society and others;

(40) For regulating the investment of the funds and other property of the Society;

(41) For regulating the grant and operation of binding authorities, or any other means whereby authority to accept insurance on behalf of underwriting members is delegated;

(42) For regulating the appointments and duties of agents or correspondents of the Society at ports and other places;

(43) For regulating the appointment, terms of employment and remuneration of a Secretary General and other officers and employees of the Society.

SCHEDULE 3

REPEALS

Chapter	Short title	Extent of repeal
34 & 35 Vict. c. xxi.	Lloyd's Act 1871.	Sections 11 and 12. Sections 18 to 27. Section 29. The Schedule.
51 & 52 Vict. c. 29.	Lloyd's Signal Stations Act 1888.	The whole Act.
1 & 2 Geo. 5. c. lxii.	Lloyd's Act 1911.	Sections 10 to 13.
15 & 16 Geo 5. c. xxvi.	Lloyd's Act 1925.	The whole Act.
14 & 15 Geo. 6. c. viii.	Lloyd's Act 1951.	The proviso to section 3 (2). Section 4.

SCHEDULE 4

TRANSITITIONAL PROVISIONS

PART I

THE FIRST MEMBERS OF THE COUNCIL

1. Any person who is, immediately prior to the commencement of this Act, a member of the Committee of Lloyd's pursuant to Lloyd's Acts 1871 to 1951 and byelaws made thereunder (in this Schedule referred to as "the Old Committee") shall be a working member of the Council and a member of the Committee established by section 5 of this Act until such time as he would, but for this Act, have ceased to be a member of the Old Committee.

2. The provisions of Schedule 1 to this Act shall be carried into effect by the Old Committee, which shall provide that a member of the Society may object to his or another member's classification on such Register, and for the determination of such objection and for the right to appeal against such determination to a sub-committee of the Old Committee consisting of three members thereof whose decision shall be conclusive, and the election of a person to the Council shall not be challenged or otherwise declared to be invalid by reason of any proceedings pursuant to such provision by the Old Committee not being completed or for any other reason whatsoever.

3. In lieu of the general meeting of members of the Society which would be held in November 1982 but for this Act a ballot to elect four working members of the Council shall be held at that time in accordance with byelaws for the time being in force provided, however, that the four persons to be elected shall be elected from among the working members of the Society by those members whose

names are shown on Part I of the Register referred to in Schedule 1 to this Act as working members of the Society. Notwithstanding anything in the byelaws made under Lloyd's Acts 1871 to 1951 the Old Committee shall appoint two or more members as scrutineers to take the vote and report the result.

A.D. 1982

4.   A ballot to elect eight external members of the Council shall be held to which the following provisions shall apply:—

(*a*)   such ballot shall take place within four months of the day on which this Act is passed;

(*b*)   the election shall be by postal ballot of all those members of the Society whose names are shown on Part II of the Register referred to in Schedule 1 to this Act as external members of the Society, and each such member who exercises his right to vote in such ballot shall cast one vote for each of eight of the persons duly nominated for election;

(*c*)   the Old Committee shall give not less than 60 clear days' notice of such ballot by notice in writing to each member of the Society entitled to vote at such ballot, addressed to such member's last known place of business or abode and the notice shall state that the object of the ballot is to elect eight external members of the Council and the date and time by which nominations for such election are to be received in order to be valid;

(*d*)   an external member of the Society shall be nominated for election as an external member of the Council by a requisition signed by not less than sixteen members of the Society entitled to vote at such ballot, which requisition shall be lodged with the Secretary General of Lloyd's or other person duly authorised by the Old Committee at least 42 clear days before the day on which such ballot is to take place;

(*e*)   if the number of persons duly nominated for election as external members of the Council in accordance with sub-paragraph (*d*) above does not exceed the number to be elected, the nominated candidates shall be declared to be elected and if the number of nominated candidates is reduced by withdrawal or otherwise to no more than that number, the remaining nominated candidates shall be declared to be elected;

(*f*)   not less than 28 clear days before the day on which the ballot is to take place, the Secretary General of Lloyd's or other person duly authorised by the Old Committee shall send to each of the members of the Society entitled to vote at such ballot—

(i)   a ballot paper containing the name of each duly nominated candidate and stating that each such member shall cast one vote for each of eight of the candidates and the date and time by which ballot papers are to be received in order to be included in the ballot; and

(ii) particulars of each candidate including any statement he may wish to make concerning his candidature, the form and content of which shall have been approved by the Old Committee;

(*g*) a notice or ballot paper shall be deemed to have been properly sent by the Secretary General of Lloyd's or other person duly authorised by the Old Committee if it is sent to a member at his last known place of business or abode but the result of a ballot under this Schedule shall not be invalidated by any failure by the Secretary General of Lloyd's or other duly authorised person to send a ballot paper to any member of the Society entitled to vote at such ballot or by the non-receipt by any such member of a ballot paper;

(*h*) a member of the Society entitled to vote at such ballot may exercise his right to vote by posting or delivering his ballot paper duly completed to the Secretary General of Lloyd's or other person duly authorised but only ballot papers received by the Secretary General of Lloyd's or such person on or before the date and time stated on the ballot paper shall be included in the votes counted;

(*i*) subject to the provisions of any byelaws which may be made pursuant to section 3 (5) of this Act four of the persons elected in such ballot shall be external members of the Council until 31st December 1984, and four of the persons so elected shall be external members of the Council until 31st December 1986.

5. Within 28 days after the election pursuant to paragraph 4 of this Schedule, the working members and the external members of the Council shall meet at a place, date and time determined by the Old Committee and shall, by resolution passed by separate majorities of both the working members of the Council and the external members of the Council, appoint the first three nominated members of the Council whose appointments shall be governed mutatis mutandis by the provisions of section 3 (2) (*c*) of this Act.

6. Subject to the provisions of any byelaws which may be made pursuant to section 3 (5) of this Act the following provisions shall have effect with respect to the appointments made pursuant to paragraph 5 of this Schedule:—

(*a*) one of the persons appointed shall hold office until 31st December 1984, one shall hold office until 31st December 1985, and one shall hold office until 31st December 1986 (such persons, in default of agreement among the persons so appointed, to be determined by lot);

(*b*) no person shall be appointed a nominated member of the Council without his consent.

7. The first meeting of the Council shall take place at such place, date and time not more than 28 days after the meeting referred to in paragraph 5 of this Schedule as may be decided at that meeting.

8.   Unless at its first meeting the Council shall otherwise determine, the persons who are immediately prior to such meeting the Chairman of Lloyd's and the Deputy Chairmen of Lloyd's pursuant to Lloyd's Acts 1871 to 1951 and byelaws made thereunder shall be respectively the Chairman of Lloyd's and the Deputy Chairmen of Lloyd's as if appointed under section 4 of this Act and shall continue to hold such positions until the end of the year 1982.

A.D. 1982

Part II
Other Transitional Provisions

9.   Until the first meeting of the Council, Lloyd's Acts 1871 to 1951 shall, subject to the provisions of this Schedule, continue to have effect as though this Act had not been passed.

10.   The Council may in preferring any charge against any person refer to, and the Disciplinary Committee in hearing that charge may have regard to and take into account, any act, default or other event which takes place before this Act comes into force.

11.   Section 20 (Exclusion from membership for violation of fundamental rules, &c.) of the Act of 1871 (including the Schedule to that Act setting out the fundamental rules of the Society), section 12 (Power of Committee to temporarily suspend Members) of the Act of 1911 and byelaw 87 (vi) of the byelaws made pursuant to Lloyd's Acts 1871 to 1951 shall continue to have effect until a Disciplinary Committee shall be established by byelaws made under this Act, and where proceedings have been commenced against any person under either of such sections or under such byelaw, they may be continued in all respects until concluded as if the section or byelaw under which the proceedings had been commenced continued in full force and effect.

Part XIX

Lloyd's

General

314 Authority's general duty

(1) The Authority must keep itself informed about —

(a) the way in which the Council supervises and regulates the market at Lloyd's; and

(b) the way in which regulated activities are being carried on in that market.

(2) The Authority must keep under review the desirability of exercising —

(a) any of its powers under this Part;

(b) any powers which it has in relation to the Society as a result of section 315.

315 The Society: authorisation and permission

(1) The Society is an authorised person.

(2) The Society has permission to carry on a regulated activity of any of the following kinds —

    (a) arranging deals in contracts of insurance written at Lloyd's ("the basic market activity");

    (b) arranging deals in participation in Lloyd's syndicates ("the secondary market activity"); and

    (c) an activity carried on in connection with, or for the purposes of, the basic or secondary market activity.

(3) For the purposes of Part IV, the Society's permission is to be treated as if it had been given on an application for permission under that Part.

(4) The power conferred on the Authority by section 45 may be exercised in anticipation of the coming into force of the Society's permission (or at any other time).

(5) The Society is not subject to any requirement of this Act concerning the registered office of a body corporate.

Power to apply Act to Lloyd's underwriting

316 Direction by Authority

(1) The general prohibition or (if the general prohibition is not applied under this section) a core provision applies to the carrying on of an insurance market activity by —

(a) a member of the Society, or

(b) the members of the Society taken together,

only if the Authority so directs.

(2) A direction given under subsection (1) which applies a core provision is referred to in this Part as "an insurance market direction".

(3) In subsection (1) —

"core provision" means a provision of this Act mentioned in section 317; and

"insurance market activity" means a regulated activity relating to contracts of insurance written at Lloyd's.

(4) In deciding whether to give a direction under subsection (1), the Authority must have particular regard to —

(a) the interests of policyholders and potential policyholders;

(b) any failure by the Society to satisfy an obligation to which it is subject as a result of a provision of the law of another EEA State which —

(i) gives effect to any of the insurance directives; and

(ii) is applicable to an activity carried on in that State by a person to whom this section applies;

(c) the need to ensure the effective exercise of the functions which the Authority has in relation to the Society as a result of section 315.

(5) A direction under subsection (1) must be in writing.

(6) A direction under subsection (1) applying the general prohibition may apply it in relation to different classes of person.

(7) An insurance market direction —

(a) must specify each core provision, class of person and kind of activity to which it applies;

(b) may apply different provisions in relation to different classes of person and different kinds of activity.

(8) A direction under subsection (1) has effect from the date specified in it, which may not be earlier than the date on which it is made.

(9) A direction under subsection (1) must be published in the way appearing to the Authority to be best calculated to bring it to the attention of the public.

(10) The Authority may charge a reasonable fee for providing a person with a copy of the direction.

(11) The Authority must, without delay, give the Treasury a copy of any direction which it gives under this section.

317 The core provisions

(1) The core provisions are Parts V, X, XI, XII, XIV, XV, XVI, XXII and XXIV, sections 384 to 386 and Part XXVI.

(2) References in an applied core provision to an authorised person are (where necessary) to be read as references to a person in the class to which the insurance market direction applies.

(3) An insurance market direction may provide that a core provision is to have effect, in relation to persons to whom the provision is applied by the direction, with modifications.

318 Exercise of powers through Council

(1) The Authority may give a direction under this subsection to the Council or to the Society (acting through the Council) or to both.

(2) A direction under subsection (1) is one given to the body concerned —

(a) in relation to the exercise of its powers generally with a view to achieving, or in support of, a specified objective; or

(b) in relation to the exercise of a specified power which it has, whether in a specified manner or with a view to achieving, or in support of, a specified objective.

(3) "Specified" means specified in the direction.

(4) A direction under subsection (1) may be given —

(a) instead of giving a direction under section 316(1); or

(b) if the Authority considers it necessary or expedient to do so, at the same time as, or following, the giving of such a direction.

(5) A direction may also be given under subsection (1) in respect of underwriting agents as if they were among the persons mentioned in section 316(1).

(6) A direction under this section —

(a) does not, at any time, prevent the exercise by the Authority of any of its powers;

(b) must be in writing.

(7) A direction under subsection (1) must be published in the way appearing to the Authority to be best calculated to bring it to the attention of the public.

(8) The Authority may charge a reasonable fee for providing a person with a copy of the direction.

(9) The Authority must, without delay, give the Treasury a copy of any direction which it gives under this section.

319 Consultation

(1) Before giving a direction under section 316 or 318, the Authority must publish a draft of the proposed direction.

(2) The draft must be accompanied by —

(a) a cost benefit analysis; and

(b) notice that representations about the proposed direction may be made to the Authority within a specified time.

(3) Before giving the proposed direction, the Authority must have regard to any representations made to it in accordance with subsection (2)(b).

(4) If the Authority gives the proposed direction it must publish an account, in general terms, of—

(a) the representations made to it in accordance with subsection (2)(b); and

(b) its response to them.

(5) If the direction differs from the draft published under subsection (1) in a way which is, in the opinion of the Authority, significant—

(a) the Authority must (in addition to complying with subsection (4) publish details of the difference; and

(b) those details must be accompanied by a cost benefit analysis.

(6) Subsections (1) to (5) do not apply if the Authority considers that the delay involved in complying with them would be prejudicial to the interests of consumers.

(7) Neither subsection (2)(a) nor subsection (5)(b) applies if the Authority considers—

(a) that, making the appropriate comparison, there will be no increase in costs; or

(b) that, making that comparison, there will be an increase in costs but the increase will be of minimal significance.

(8) The Authority may charge a reasonable fee for providing a person with a copy of a draft published under subsection (1).

(9) When the Authority is required to publish a document under this section it must do so in the way appearing to it to be best calculated to bring it to the attention of the public.

(10) "Cost benefit analysis" means an estimate of the costs together with an analysis of the benefits that will arise —

(a) if the proposed direction is given; or

(b) if subsection (5)(b) applies, from the direction that has been given.

(11) "The appropriate comparison" means —

(a) in relation to subsection (2)(a), a comparison between the overall position if the direction is given and the overall position if it is not given;

(b) in relation to subsection (5)(b), a comparison between the overall position after the giving of the direction and the overall position before it was given.

320 Former underwriting members

(1) A former underwriting member may carry out each contract of insurance that he has underwritten at Lloyd's whether or not he is an authorised person.

(2) If he is an authorised person, any Part IV permission that he has does not extend to his activities in carrying out any of those contracts.

(3) The Authority may impose on a former underwriting member such requirements as appear to it to be appropriate for the purpose of protecting policyholders against the risk that he may not be able to meet his liabilities.

(4) A person on whom a requirement is imposed may refer the matter to the Tribunal.

321 Requirements imposed under section 320

(1) A requirement imposed under section 320 takes effect —

(a) immediately, if the notice given under subsection (2) states that that is the case;

(b) in any other case, on such date as may be specified in that notice.

(2) If the Authority proposes to impose a requirement on a former underwriting member ("A") under section 320, or

imposes such a requirement on him which takes effect immediately, it must give him written notice.

(3) The notice must —

  (a) give details of the requirement;

  (b) state the Authority's reasons for imposing it;

  (c) inform A that he may make representations to the Authority within such period as may be specified in the notice (whether or not he has referred the matter to the Tribunal);

  (d) inform him of the date on which the requirement took effect or will take effect; and

  (e) inform him of his right to refer the matter to the Tribunal.

(4) The Authority may extend the period allowed under the notice for making representations.

(5) If, having considered any representations made by A, the Authority decides —

  (a) to impose the proposed requirement, or

  (b) if it has been imposed, not to revoke it,

    it must give him written notice.

(6) If the Authority decides —

  (a) not to impose a proposed requirement, or

  (b) to revoke a requirement that has been imposed,

    it must give A written notice.

(7) If the Authority decides to grant an application by A for the

variation or revocation of a requirement, it must give him written notice of its decision.

(8) If the Authority proposes to refuse an application by A for the variation or revocation of a requirement it must give him a warning notice.

(9) If the Authority, having considered any representations made in response to the warning notice, decides to refuse the application, it must give A a decision notice.

(10) A notice given under —

(a) subsection (5), or

(b) subsection (9) in the case of a decision to refuse the application, must inform A of his right to refer the matter to the Tribunal.

(11) If the Authority decides to refuse an application for a variation or revocation of the requirement, the applicant may refer the matter to the Tribunal.

(12) If a notice informs a person of his right to refer a matter to the Tribunal, it must give an indication of the procedure on such a reference.

322 Rules applicable to former underwriting members

(1) The Authority may make rules imposing such requirements on persons to whom the rules apply as appear to it to be

appropriate for protecting policyholders against the risk that those persons may not be able to meet their liabilities.

(2) The rules may apply to —

(a) former underwriting members generally; or

(b) to a class of former underwriting member specified in them.

(3) Section 319 applies to the making of proposed rules under this section as it applies to the giving of a proposed direction under section 316.

(4) Part X (except sections 152 to 154) does not apply to rules made under this section.

Transfers of business done at Lloyd's

323 Transfer schemes The Treasury may by order provide for the application of any provision of Part VII (with or without modification) in relation to schemes for the transfer of the whole or any part of the business carried on by one or more members of the Society or former underwriting members.

324 Interpretation of this Part (1) In this Part—

"arranging deals", in relation to the investments to which this Part applies, has the same meaning as in paragraph 3 of Schedule 2;

"former underwriting member" means a person ceasing to be an underwriting member of the Society on, or at any time after, 24 December 1996; and

"participation in Lloyd's syndicates", in relation to the secondary market activity, means the investment described in sub-paragraph (1) of paragraph 21 of Schedule 2.

(2) A term used in this Part which is defined in [1982 c.xiv.] Lloyd's Act 1982 has the same meaning as in that Act.

1) 한동호, 세계최대 보험시장, Lloyd's — 과거, 현재, 미래, 보험학회지 23권, 한국보험학회, 1984, 150면.

2) 박영준, 로이드에 관한 소고, 중앙법학 5집 2호, 중앙법학회, 2003, 4면.

3) 'Lloyd's Society'를 '로이드 협회'로 번역할 것인가를 두고 의견의 대립이 있을 수 있다. 이것은 로이드의 법적 성격이 조합이냐에 대한 원론적인 견해 차이에서 유래하는데, 여기서는 '협회'라고 하였다.

4) 1968년과 1978년 국제연합무역개발회의(UNCTAD)에서 이 보험증권에 대한 비판이 제기되었다. 이후 1982년에는 신해상보험증권과 협회적하약관(Institute Cargo Clauses)이 제정되었으며, 1년의 유예기간이 지난 1983년부터는 이것이 전면적으로 사용되고 있다. 신해상보험증권의 양식은, 종래의 로이드 S. G. 보험증권과 회사들이 사용하는 ILU(Institute of London Underwriters) Policy Form의 두 가지 양식으로 구분되어 있으나, 본질적인 차이는 없다. 이러한 개정으로 보험증권은 단순히 계약의 성립을 증명하는 기능만을 하고 있으며, 협회약관이 계약의 중심에 놓인다[김정호·윤찬형, Lloyd's Market에 대한 연구, 경영법률 12집, 한국경영법률학회, 2001, 345면].

5) 이철송, 회사법강의, 2009, 박영사, 14면.

6) 박영준, 앞의 논문, 9면.

7) 한동호, 앞의 논문, 162면.

8) 미국신탁기금이 처음 설치될 당시 4천만 달러가 예치되었다.

9) Lloyd's Financial Result 2004.

10) Lloyd's Market Reporting 2008.

11) http://www.lloyds.com/index.asp?itemid=2636.

12) 한동호, 앞의 논문, 161면.

13) 박영준, 앞의 논문, 16면.

14) 한동호, 앞의 논문, 167면.

15) 박영준, 앞의 논문, 17면.

16) 이를 '유한책임조합'이라고 번역하기도 한다.

17) 박영준, 앞의 논문, 18면.

18) 한동호, 앞의 논문, 169~170면.

19) 박영준, 앞의 논문, 26면.

20) http://www.lloyds.com/Lloyds_Market/Capacity/Syndicates.htm.

21) 150억 파운드로 보험인수가능액이 최고였던 2004년을 기준으로 볼 때, 1990년의 약 100억 파운드에 비해서 무려 50% 정도가 신장된 것이다.

22) 이를 '지편'이라고 번역하기도 한다[김정호·윤찬형, 앞의 논문, 336면].

23) 한동호, 앞의 논문, 175면.

24) Christopher Henley, *The Law of Insurance* Broking, Sweet & Maxwell, London, 2004, p. 424.

25) 로이드에는 3가지의 대리인(agent)이 있는데, 관리대리인(managing agent), 회원대리인

(members' agent) 그리고 로이드 대리점(Lloyd's agent)이 그것이다.

26) http://www.lloyds.com/About_Us/Management_of_Lloyds/The_Council_of_Lloyds.htm.

27) '경영위원회'라는 번역이 직역일 수는 없으나, 본 위원회의 기능을 고려할 때, 비슷한 단어라고 판단하였다.

28) 과거 로이드 시장위원회(Lloyd's Market Board)의 역할을 담당하는 조직이다.

29) 로이드는 최근 들어 시장의 경영개선을 위해 Franchise Board의 기능을 강화하는 추세이다.

30) http://www.lloyds.com/About_Us/Management_of_Lloyds/Lloyds_Franchise_Board.htm.

31) Franchise Board의 하위기구로는 'Underwriting Advisory Committee', 'Market Supervision & Review Committee', 'Capacity Transfer Pane' 그리고 'Investment Committee'가 있다.

32) John Lowry & Philip Rawlings, *Insurance Law－Cases and Materials*, Hart Publishing, Oxford, 2004, p. 249.

33) 이러한 교섭은 반드시 대면(face to face)방식으로 이루어지는 것이 원칙이다.

34) John Lowry & Philip Rawlings, 앞의 책, 249면.

35) http://www.lloyds.com/About_Us/What_is_Lloyds/The_Lloyds_market.htm.

36) 박영준, 앞의 논문, 22～23면.

37) John Lowry & Philip Rawlings, 앞의 책, 249면.

38) 박영준, 앞의 논문, 29～32면.

39) 만약 3년 회계연도가 마감된 이후에도 종결되지 않은 보험거래는 재보험의 형태로 다음 회계연도에 이월되고, 이는 새로운 보험계약처럼 취급된다. 이러한 차기 회계연도로의 출재를 재보험에 의한 '계정마감'(reinsurance to close: RITC)이라고 하며 로이드의 독특한 회계처리방법으로 알려져 있다.

40) 김정호·윤찬형, 앞의 논문, 340면.

41) 2004년에는 보험인수가능액이 약 150억 파운드였으며, 2005년에는 약 8% 정도가 감소하여 137억 파운드가 되었다
[http://www.lloyds.com/Lloyds_Market/Capacity/Overview.htm].

42) 즉 새로운 법이 제정된다고 해서 기존의 법이 전부 개정되거나 폐지되는 것은 아니며, 원칙적으로 새로운 법에서 특별한 규정이 없는 한 기존의 법과 새로운 법이 공존한다. 따라서 새롭게 제정되는 로이드 법에서는, 기존의 로이드 법에서 규정된 바를 특별하게 개정할 필요성이 있는 부분에 관해서만 개정규정을 두고, 그러한 필요가 없는 부분은 새롭게 규정하지 않는다.

43) 1982년 로이드 법 부칙 3.

44) 즉 1871년 로이드 법에 나타난 '해상보험사업의 수행'과 '해운관계 정보의 수집'이라는 로이드의 목적이 '모든 종류의 보험사업의 수행'과 '정보의 수집'이라는 표현으로 바뀌었다.

45) 1871년 로이드 법 제10조.

46) 1871년 로이드 법 제2조 내지 제9조.

47) 1871년 로이드 법 제29조.

48) 1871년 로이드 법 제11조 내지 제16조.

49) Lutine 호는 영국 해군 소속의 배로 1799년 네덜란드 해안에서 침몰하였고, 침몰 당시 로

이드의 보험인수인들에 의해서 보험에 가입되어 있던 상태였다. 침몰 몇 년 후, 네덜란드 국왕은 선체를 인양하려는 사람들이 모든 비용을 지불할 것을 조건으로 인양된 선체와 화물에서 얻은 재산의 2분의 1은 그들에게, 나머지 2분의 1은 네덜란드 정부에 귀속하도록 명하였다. 이후 네덜란드 국왕은 로이드 협회를 대신하는 영국의 조지 4세에게 네덜란드 정부에 귀속되기로 한 모든 부분을 양보하기로 하였다.

50) Lloyd's Signal Stations Act 1888.

51) 이 밖에도 1911년 로이드 법 제5조는 1871년 법의 규정들에 나타난 "해상"이라는 단어를 삭제하면서, 보증업을 포함하는 모든 보험 업무를 포괄하는 것으로 하였다.

52) 1911년 로이드 법 제7조.

53) 1911년 로이드 법 제6조.

54) 1925년 제정된 로이드 법은 현재 전면 폐지되었다.

55) 1951년 로이드 법 제7조.

56) 1982년 로이드 법 제6조.

57) 1982년 로이드 법 제15조 내지 제17조.

58) 우리나라에서는 FSMA가 '금융서비스 현대화법', '금융서비스법', '금융서비스시장법', '금융통합규제법', '통합금융법' 등 다양한 용어로 번역되어 사용되고 있다.

59) 김동훈·김봉철, 앞의 논문, 234면.

60) FSMA는 규제대상 행위를 영위하고자 하는 금융기관에게 허가취득을 사실상 강제하고 있으며, 영국 외의 EU 국가에서 자국법에 의해 허가를 받은 금융기관도 FSMA의 적용에 있어서 허가된 자로 간주하고 있다. 또한 FSMA의 허가의 내용에 이의가 있을 경우에는, 이를 조정할 수 있는 심판소(Tribunal)의 역할을 제시하고 있다.

61) FSMA의 부칙 6에 명시된 필수요건을 살펴보면, 각 규제대상행위 신청에 필요한 신청자의 자격, 신청인의 영국 내 영업소재 요건, 신청인의 특수관계에 대한 규제권, 적정자본금의 요건, 신청인의 적격성 등에 해당되는 내용이 있다.

62) 여기서 통제기능을 담당하는 개인이라 함은 당해 기관의 업무수행에 중대한 영향을 미치거나, 고객과 직접 거래하거나, 고객의 재산을 취급하는 업무행위를 수행하는 사람을 의미하며, 로이드 평의회의 위원들에 대해서도 승인이 필요하다.

63) 거래의 상대방이 계약을 이행하는 것이 자신에게 이로울 때는 해당 거래를 지속하고, 불리할 때는 법위반 사항에 대해 손해배상을 청구할 수 있도록 하고 있다.

64) FSMA는 금융업허가를 받은 자가 제공하는 금융상의 권유행위(가령, 업무상 투자행위에의 참여권유 등)는 FSA에서 규정한 업무행위 규칙(Conduct of Business Sourcebook)에 따라 규제하도록 하고 있으며, 허가를 받지 못한 자는 FSMA 및 그 하위법령에서 규정하도록 하고 있다. 허가를 받은 사람은 FSA의 권유행위에 대한 업무행위 규칙을 위반한 경우 거래상대방에게 손실이 발생하지 않는다면 단순한 징계나 처벌의 대상이 될 뿐이지만, 허가를 받지 않는 사람의 금융상의 권유규제에 대한 위반행위는 FSMA 및 그 하위법령에서 형사상 범죄로 구성하고 있다.

65) 이를 '재무성'이라고 번역하는 경우도 있다[김정호·윤찬형, 「Lloyd's Market에 대한 연구」, 『경영법률』 12집, 한국경영법률학회, 2001, 328면]. 그러나 이 조직은 우리나라의 '금융감독위원회'와 유사한 기능을 담당하고 있기 때문에, 여기서는 '금융감독청'이라고 번역한다.

66) http://www.fsa.gov.uk/Pages/About/Who/index.shtml

67) 그러나 주식공개매입(takeover)에 대해서는 Takeover Panel에 의해서 규제되고, 일반 보험 상품의 판매는 General Insurance Standards Council에 의해 규제 받는다.

68) http://www.fsa.gov.uk/Pages/about/aims/statutory/index.shtml

69) FSMA 2000 제314조.

70) '기본적인 시장행위'라고 한다.

71) '부차적인 시장행위'라고 한다.

72) FSMA 2000 제315조 제5항.

73) '보험시장행위'란, 로이드 내에서 인수되는 보험계약과 관련된 규제대상행위를 말한다 [FSMA 2000 제316조 제3항]. 기본적인 시장행위와 부차적인 시장행위 등이 여기에 해당한다.

74) 핵심규정이 적용되는 일반적 규제를 '보험시장규제'라고 한다.

75) FSMA 2000 제318조 제2항.

76) FSMA 2000 제318조 제3항.

77) FSMA 2000 제318조 제1항.

78) FSMA 2000 제320조 제1항.

79) FSMA 2000 제321조 내지 제322조.

80) FSMA 2000 제316조 제5항, 제317조 제2항, 제318조 제5항, 제321조 제2항, 제5항, 제6항, 제7항, 제8항, 제9항.

81) FSMA 2000 제316조 제9항, 제318조 제7항, 제319조 제1항, 제4항, 제5항, 제9항, 제322조 제3항.

82) FSMA 2000 제316조 제10항, 제318조 제8항, 제319조 제8항, 제322조 제3항.

83) FSMA 2000 제316조 제11항, 제318조 제9항, 제322조 제3항.

84) FSMA 2000 제319조 제2항, 제3항, 제321조 제3항, 제322조 제3항.

85) FSMA 2000 제320조 제4항, 제321조 제3항, 제10항, 제11항, 제12항.

86) 김동훈·김봉철, 앞의 논문, 235~236면.

87) the Society, 로이드가 보험이 인수되는 '시장'의 의미가 있기 때문에 정확하다고 할 수 없으나, 개별적인 보험사업자들의 공동체인 점에서 '협회'라는 표현이 가장 유사하다고 판단하였다.

88) 1911년 로이드 법 제4조에 의해서 개정됨

89) 1982년 로이드 법 부칙 3에 의해서 삭제됨

90) 1982년 로이드 법 부칙 3에 의해서 삭제됨

91) 1925년 로이드 법 제4조에 의해서 1966년 6월 25일을 기해 삭제됨

92) 1925년 로이드 법 제4조에 의해서 1966년 6월 25일을 기해 삭제됨

93) 1925년 로이드 법 제4조에 의해서 1966년 6월 25일을 기해 삭제됨

94) 1925년 로이드 법 제4조에 의해서 1966년 6월 25일을 기해 삭제됨

95) 1925년 로이드 법 제4조에 의해서 1966년 6월 25일을 기해 삭제됨

96) 1982년 로이드 법 부칙 3에 의해서 삭제됨

97) 1982년 로이드 법 부칙 3에 의해서 삭제됨

98) 1911년 로이드 법 제5조, 1951년 로이드 법 제7조 제1항에 의해서 개정되고 1982년 로
　　이드 법 부칙 3에 의해서 삭제됨

99) 1982년 로이드 법 부칙 3에 의해서 삭제됨

100) 1982년 로이드 법 부칙 3에 의해서 삭제됨

101) 1982년 로이드 법 부칙 3에 의해서 삭제됨

102) 1982년 로이드 법 부칙 3에 의해서 삭제됨

103) 1982년 로이드 법 부칙 3에 의해서 삭제됨

104) 1982년 로이드 법 부칙 3에 의해서 삭제됨

105) 1982년 로이드 법 부칙 3에 의해서 삭제됨

106) 1982년 로이드 법 부칙 3에 의해서 삭제됨

107) 1982년 로이드 법 부칙 3에 의해서 삭제됨

108) 1911년 로이드 법 제6조에 의해서 삭제됨

109) 1911년 로이드 법 제6조에 의해서 삭제됨

110) 1911년 로이드 법 제6조에 의해서 삭제됨

111) 1911년 로이드 법 제5조에 의해서 개정됨

112) 1911년 로이드 법 제5조에 의해서 개정됨

113) 1982년 로이드 법 제15조 제1항 b에 의해 개정됨

114) 1951년 로이드 법 제5조 제3항에 의해 삭제됨

115) 1982년 로이드 법 제15조 제1항 c에 의해 개정됨

116) 1982년 로이드 법 부칙 3에 의하여 삭제됨

117) 1982년 로이드 법 부칙 3에 의하여 삭제됨

118) 1982년 로이드 법 부칙 3에 의하여 삭제됨

119) 1982년 로이드 법 부칙 3에 의하여 삭제됨

120) 1982년 로이드 법 부칙 3에 의하여 개정됨

121) 1982년 로이드 법 부칙 3에 의하여 삭제됨

122) 1982년 로이드 법 제15조 제1항 d에 의하여 개정됨

123) annual subscriber

124) Appeal Tribunal

125) associate

126) the Committee

127) the Council

128) director

129) Disciplinary Committee

130) external member of the Council

131) external member of the Society

132) working member

133) Lloyd's broker

134) manager

135) nominated member of the Council

136) non-underwriting member

137) related company

138) holding company

139) the Room

140) the Society, 로이드가 보험이 인수되는 '시장'의 의미가 있기 때문에 정확하다고 할 수 없으나, 개별적인 보험사업자들의 공동체인 점에서 '협회'라는 표현이 가장 유사하다고 판단하였다.

141) subsidiary

142) underwriting agent

143) underwriting member

144) working member of the Council

145) working member of the Society

146) Bank of England, '영란은행'으로 번역하기도 한다.

147) the Chairman of Lloyd's

148) the Deputy Chairman of Lloyd's

149) managing agent

150) individual

151) a member of the Lloyd's community

152) 본 법에 근거하여 설치된 영국 금융감독청(Financial Services Authority, FSA)을 말한다.

153) 규제대상행위(Regulated Activities)란, 본 법 제22조에 의하여 규제를 받는 금융관련 영업행위를 말한다.

154) 권한이 부여된 자(Authorised Person)란, 본 법 제31조에 의하여 권한이 부여된 자를 말한다.

155) 규제대상행위에 대한 허가(permission)는, 본 법 제4장(제46조~제55조)에서 규정하는 바와 같다.

156) 감독청의 규제 변경

157) 일반적 금지사항(The general prohibition)이란, 본 법 제19조에서 규정한 사항을 말한다.

158) core provisions

159) 유럽경제지역(European Economic Area, EEA)은, 유럽공동체(EC) 12개국과 유럽자유무역연합(EFTA) 7개국 및 유럽경제공동체(EEC), 유럽석탄철강공동체(ECSC)가 1992년 협정에 서명하여 출범한 지역경제블럭이다.

160) Tribunal

161) http://www.lloyds.com/About_Us/History/Chronology.htm.

김봉철 ____

▌약 력

- 한국외대 법과대학 법학사(수석입학/수석졸업)
- 한국외대 대학원 법학과 법학석사(상사법 전공)
- 영국 런던대학교 킹스칼리지(King's College London, University of London)
  법학박사(Ph.D in Law, 영국 외무성(ORS) 장학금)
- 한국외대/경기대 강사

▌주요 저서

- 자유무역협정의 이해, 2004, 인텔에듀케이션
- 영국법체계의 이해, 2005, 이컴비즈넷
- BRICs FTA에 대한 법적분석 (1), (2), (3), (4), 2007, 한국법제연구원(공저)
- FTA - 자유무역협정의 법적 이해, 2007, 한국기업법무협회
- 한 - EU FTA의 법적 문제점 연구, 2007, 한국법제연구원(공저)
- FTA 세이프가드에 관한 연구 - 동북아시아 FTA 세이프가드 규정의 비교 및
  한중일 FTA에 대비한 규정방향 및 국내법적 대응, 2008, 한국법제연구원(공저)

로이드의 법적 이해

초판인쇄 | 2009년 8월 1일
초판발행 | 2009년 8월 1일

지은이 | 김봉철
펴낸이 | 채종준
펴낸곳 | 한국학술정보㈜
주 소 | 경기도 파주시 교하읍 문발리 파주출판문화정보산업단지 513-5
전 화 | 031) 908-3181(대표)
팩 스 | 031) 908-3189
홈페이지 | http://www.kstudy.com
E-mail | 출판사업부 publish@kstudy.com

등 록 | 제일산-115호(2000. 6. 19)
가 격   24,000원

ISBN   ) (Paper Book)
       978-89-268-0146-8 98360 (e-Book)

내일을여는지식 ■ 은 시대와 시대의 지식을 이어 갑니다.